普通高等学校公共基础课精品教材系列

U0564580

小学体育教学法

PHYSICAL EDUCATION PEDAGOGY IN PRIMARY SCHOOLS

主　编　李亚红　张庆龙

副主编　刘　凯　左海鹏　肖妤倩
　　　　王湘丽　胡　璇　何　威

参　编　李　昂　谢　源　王　晖　阳忠成
　　　　周　杰　黄　丽　刘　慧　唐启棋
　　　　余勇平　贺桂梅　游剑鸣　杨海平
　　　　吴东陵　梁国元

ZHEJIANG UNIVERSITY PRESS
浙江大学出版社
·杭州·

图书在版编目（CIP）数据

小学体育教学法 / 李亚红，张庆龙主编. — 杭州：
浙江大学出版社，2024.3（2025.7重印）
ISBN 978-7-308-24189-2

Ⅰ.①小… Ⅱ.①李… ②张… Ⅲ.①体育课—教学
法—小学—师范学校—教材 Ⅳ.①G623.82

中国国家版本馆CIP数据核字(2023)第170855号

小学体育教学法

XIAOXUE TIYU JIAOXUEFA

李亚红　张庆龙　主编

策划编辑	柯华杰
责任编辑	葛　娟
责任校对	胡佩瑶
责任印制	范洪法
封面设计	林智广告
出版发行	浙江大学出版社
	（杭州市天目山路148号　邮政编码　310007）
	（网址：http://www.zjupress.com）
排　　版	杭州林智广告有限公司
印　　刷	杭州高腾印务有限公司
开　　本	787mm×1092mm　1/16
印　　张	12.5
字　　数	275千
版 印 次	2024年3月第1版　2025年7月第4次印刷
书　　号	ISBN 978-7-308-24189-2
定　　价	48.00元

前　言

党的二十大报告在"推进文化自信自强，铸就社会主义文化新辉煌"部分提出："加强青少年体育工作，促进群众体育和竞技体育全面发展，加强建设体育强国。"[①]体育是小学教育的重要组成部分，"小学体育教学法"是师范类小学教育和体育教育专业的必修课程之一。本教材的主要内容是阐述小学体育的目的和任务、体育教学原理，研究技术动作的教学方法，并围绕教学需要增加了许多教学手段和方法，力使小学体育教学更加形象化、多样化。为了让读者更好地掌握小学体育教学的基本原理，本教材专门论述了小学生的生理、心理特征，介绍了学生身体健康水平测试、体育课外活动、体育竞赛组织，以及提高体育教师教学和科研能力的方法。师范类小学教育和体育教育专业的毕业生有许多要去担任或兼任小学的体育教师、全民健身社会体育指导员、健身俱乐部和幼儿体适能教练等；即使不从事体育教学工作，也必须了解小学体育的理论和实践，以便全面贯彻党的教育方针，为学生德、智、体、美、劳全面发展作出应有的贡献。因此"小学体育教学法"是未来小学教师必须学好的一门课程。

小学体育教学法课程的主要任务如下。

第一，明确小学体育的目的、任务，提高读者对体育的认知。

第二，使读者掌握体育的基本理论知识、技术、技能和科学锻炼身体的方法，懂得体育课和课外体育活动的组织与方法。

---

① 习近平. 高举中国特色社会主义伟大旗帜 为全面建设社会主义现代化国家而团结奋斗——在中国共产党第二十次全国代表大会上的报告[R]. 北京：人民出版社，2022: 45.

第三，注重小学体育教师的个人能力培养，不仅要能独立从事体育教学、训练等工作，还要掌握小学体育科学研究的方法。

本课程的教学目标是使读者掌握和运用体育教学的基本理论与方法，加强教学基本功和教学技能训练，熟练地掌握小学体育教学的内容，明确各教学内容的意义、性质和特点，科学地分析和处理内容，找出教学的重点和难点，根据教学对象的实际情况选择合理的教学方法，在正确的体育教学思想的指导下，不断提高教学质量和教学水平。通过课堂教学、实践、课后练习等环节，使读者能够掌握小学体育教学必备的知识和技能。

读者通过本课程的学习，力求达到以下目标。

知识目标：通过对小学体育教学法的学习，掌握从事小学体育课程教学、开展小学课外体育活动的基本理论、基本知识和基本技能。

能力目标：掌握小学体育教学的基本理论和基本知识，掌握小学生在体育运动中的特点和要求，为从事小学体育教育教学工作和指导小学生进行符合生理规律的运动提供科学的理论依据和有关知识与技能。

思想情感及素质目标：通过对小学体育教学法的学习，培养运用辩证唯物主义的思想、观点、方法分析问题和解决问题的能力，以及严谨的科学态度和实事求是的工作作风。

编　者

2023 年 4 月

CONTENTS 目 录

第一章　小学体育概述

第一节　小学体育的意义

体育是学校教育的组成部分，是培养德、智、体、美、劳全面发展的人才的一个重要方面。小学体育在小学教育中占有重要地位。从小注意体育锻炼，增强体质，培养良好的道德作风，对学生的健康成长有着深远的意义。

一、小学教育是基础教育，是培养人才的起点

我们党的教育方针是使受教育者在德育、智育、体育、美育、劳育几方面都得到发展，成为有文化的劳动者。因此，"五好"是学校教育的五项根本任务和五大目标。年青一代从小就努力做到"五好"，打下德、智、体、美、劳全面发展的坚实基础，才能在将来从事建设祖国和保卫祖国的各项事业中，运用自己掌握的知识作出更大的贡献。

身体好是物质基础，即所谓"健康第一"。关于德、智、体的关系，毛泽东同志早年有过精辟的论述，他说："体育一道，配德育与智育，而德智皆寄于体，无体是无德智也。"又说："体者，载知识之车而寓道德之舍也。"[①]按照辩证唯物主义的观点，体育与德育、智育是互相联系、互相影响、互相促进的，不是彼此孤立存在的。德育能够带动智育和体育，智育能够促进体育，而体育又可促进德育和智育。通过体育，可以培养爱国主义、集体主义、守纪律、讲礼貌、团结互助等优良的思想作风；培养勇敢、顽强、坚韧不拔、勇往直前的优秀品质。身体好，精力充沛，学生才能坚持不懈地刻苦学习，努力掌握为人民服务的本领。而且，现代体育具有丰富的数学、物理学、化学、解剖学、生理学等科学知识，有助于发展学生的思维能力，帮助其掌握各门科学知识，促进学生智力发展。祖国的建设很大程度上取决于科学技术的现代化，而科学技术的现代化又取决于教育质量。当前，学校正在努力提高教育质量，在这种情况下，我们更应注意学生的身体锻炼。学生体质增强，才能保持旺盛的精力，完成繁重的学习任务。

我们党历来重视儿童的健康成长，根据马克思主义的教育原理，学校教育还是要重

---

① 毛泽东. 体育之研究. 新青年. 3卷. 1917(4).

视"五好"，即德育、智育、体育、美育和劳育。不重视体育，是不懂教育规律的表现；不搞体育锻炼，是一种陈旧、落后的观点。身体好是学校教育三大目标之一，学校必须像重视德育、智育那样重视体育，使学生得到全面发展，为祖国建设培养优秀人才。小学体育是同国家富强、民族兴旺紧紧地联系在一起的。要增强我国人民的体质，从长远看，必须从小注意锻炼身体。几十年后，我国人民的体质如何，很大程度上取决于学校体育教育的效果。搞好儿童体育，是强国强种的大事，我们每一位教育工作者对此都要有足够的认识。

二、发展小学体育，是提高我国运动技术水平的一项重要措施

提高运动成绩，在国际比赛中夺奖牌、升国旗、奏国歌，这对于振兴中华，激发全国人民同心同德投身于祖国建设有着巨大的意义。学校是培养人才的地方，也是培养体育人才的地方。小学体育的普及，可为提高我国运动技术水平打下广泛而坚实的群众基础，造就大批攀登世界体育高峰的优秀人才，为国家作出更大的贡献。

三、小学生上好体育课的重要性

小学生是祖国的未来，是振兴国家和民族的希望。一个国家和民族的繁荣昌盛，有赖于全民族综合素质的提高，也就是提高思想道德素质、文化素质和身体素质。

当前学校教育正在全面推行素质教育，作为教育重要组成部分的学校体育，既是素质教育的重要内容，又是实施素质教育的重要手段，具有其他学科不可代替的地位。小学生认真上体育课，积极参加体育锻炼，不仅是自己健康成长的需要，也是使自己成为祖国栋梁之材的需要。

（一）体育锻炼对骨骼的影响

骨骼对人体起着支架作用，对器官起着保护作用，同时对人体的各种运动起着支撑和杠杆作用。科学研究证明：小学生坚持上好体育课，积极进行体育锻炼，可以增强体质，促进生长发育。体育运动时肌肉对骨骼的牵拉和重力作用，不仅有利于改善骨的形态和机能，使骨骼变得粗实、坚固，也有利于脊柱、胸廓、骨盆、足弓等骨骼的发育，还会使骨骼的机能得到提高。但是，锻炼不科学，也会给骨骼带来不利的影响。所以，体育教师一定要指导学生按科学的方法进行锻炼。

（二）体育锻炼对关节的影响

体育课的学习和锻炼，能使关节囊、韧带和肌腱增厚，伸展性加大，关节周围的肌肉力量和弹性增加，这样就会使关节活动范围加大，关节变得灵活而又牢固。体操运动员、杂技演员良好的柔韧性，就充分说明了体育锻炼对关节的有效作用。

（三）体育锻炼对肌肉的影响

儿童的肌肉正处在发育的过程中，身体各部位肌肉的发展速度也不平衡，而坚持体育学习和锻炼，可以使肌肉在形态、结构、成分和机能上发生明显的适应性变化：肌肉

变得结实、有力；肌肉中物质和能量代谢过程加快；提高神经系统对肌肉的控制能力；减少脂肪堆积，肌肉发育均衡，体态端正，防止肥胖症的发生。

（四）能够消除大脑疲劳，提高学习效率

大脑是指挥学习、生活、运动的司令部。大脑活动的规律是兴奋和抑制交替进行。小学生学习的时间一长，就容易疲劳、注意力不集中、思考能力下降、学习效率降低，这时候就要多休息一会儿才能恢复精力。体育锻炼则能促进人体的新陈代谢，使血液循环加快，供给大脑的氧气和营养物质增多，使废物排出体外，既改善了脑的工作条件，又使大脑更加高效工作，提高学习效率。体育教学中，应在继续发展左脑功能的同时，注重右脑潜能的开发。如在各类体育活动中，设计一些以左侧肢体练习为主的训练。相对于其他学科，左侧肢体训练是体育教学的优势。同时多采用直观教学，使学生左、右脑并用，从而促使其健康和谐地发展。这种从生理基础着手的教学方法，为培养学生的创造性思维奠定了基础。

（五）能够发展学生的个性

1. 促进学生兴趣的发展

大家对上体育课非常感兴趣，但这种兴趣并不是因为体育课有多么重要，而是被体育课中的各种活动所吸引，这只是一种直接兴趣。随着年龄的增长，思想水平的提高，学生会逐渐认识到体育锻炼对增强体质的重要性，对体育的直接兴趣转变成比较持久、稳定的兴趣，他们会自觉积极地进行体育运动。

2. 发展学生的能力

体育课的学习是一个动脑的过程，当教师讲解动作时，同学们认真听讲、积极思考、认真记忆。教师做示范，学生要注意观察，最后通过自己的实际练习，将教师讲解、示范的内容综合地体现出来。这一过程中包括了一般能力中的许多内容。因此，体育课看、听、想、练的过程，就是提高能力的过程。

（六）培养学生的创造性思维

1. 充分运用情境教学的原则来引导学生进行体育活动

通过教师生动有趣的讲解和气氛渲染，学生精神振奋，心情愉快，学习积极主动，很容易被带入想象的天地，这非常有利于激发学生的创造性思维。如一年级在"大鱼网"游戏规则的学习中，首先让学生想象一下鱼儿生活的特定环境，将界线内规定区域比作"池塘"，界线外场地比作"岸"。然后提问："鱼儿离开了水会怎样？"在孩子们七嘴八舌的回答中肯定会得出许多答案。这种不直接显露目的，而是师生共同创设优化情境的形式，对学生的心理及行为施加影响，从而一步步达到既定教学目标。在体育活动过程中，学生接触的情境越多，发现问题的能力就越强，设想的方案也越具想象力。这不仅使学生积累了大量的经验，同时也培养和增加了学生创新的信心和勇气，从而有利于激发学生的创造性思维。

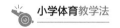

2. 培养小学生的好奇心

小学生由于知识面有限，很容易对事物表现出强烈的好奇心，并会以自己的方式去探索、发现事物。体育教学的课堂犹如学生的小社会、小天地，能较为充分地满足学生求奇、求新、求动的欲望。所以在体育教学中，教师要充分保护学生的好奇心和求知欲，将学生的好奇心转化为求知欲，引起学生的学习兴趣。

总之，儿童时期是学生想象力表现最活跃的时期，儿童的想象力是儿童探索活动和创新活动的基础。体育教学能为小学生提供丰富的表象，而表象丰富的小学生思维灵活、敏捷。教师应抓住这一特点，适时地对小学生进行激励，在体育教学中使学生常置于"高期望—高表现—高期望"的良性循环中，这有利于提高小学生的形象思维能力，从而提高小学生的想象力。"生命在于运动。"这是法国著名思想家伏尔泰的一句名言。要想身体健康，就要经常运动。俗话说，"流水不腐，户枢不蠹"，讲的便是这个道理：经常流动的水不会腐臭，门轴经常转动就不会被虫蛀。人的身体也一样，经常运动就会增强体质，提高身体的免疫能力，促进身体各系统的新陈代谢。由此看来，运动对维持生命过程是非常重要的。尤其是小学生，正值生长发育的重要时期，更需要运动。对于小学生来说，重要的是上好体育课，学习有关的体育知识，掌握一定的运动技能和技术，进行各种体育项目的练习，在运动中让生命之花怒放。

第二节 小学体育的目的和任务

体育作为一种文化教育活动，担负着培养人、教育人的职能。要从本质上去理解小学体育的目的和作用，既要看到其增强体质的一面，又要看到其教育作用。只强调增强体质，在体育教学、训练、课外活动和竞赛中就会忽视思想教育。从本质上看，体育是在增强人们体质过程中的一种教育活动，小学体育应在实现培养全面发展人才的学校教育目的的过程中，发挥自己特殊的教育作用。学生的身心得到全面发展，将来才能担负起建设社会主义祖国的光荣使命。

一、小学体育的目的

小学体育的目的是增进学生健康，增强学生体质，促进学生身心和谐发展；对学生进行社会主义道德、意志品质教育，为祖国建设培养全面发展的人才。

（一）小学生的身体素质决定了在体育教学中应注重"教"与"玩"的结合

小学生正处于身体发育阶段，其骨骼硬度小，韧性大，易弯曲变形；肌肉力量小，耐力差；心率快，肺活量小，负氧能力差，易疲劳。这些都表明小学生的运动负荷不能过大，运动时间不宜过长，否则，非但起不到通过上体育课来强身健体的作用，反而会给身体健康造成不良影响。因此，在体育教学中，把"教"与"玩"有机结合，使小学生在上体育课的过程中有张有弛，是非常必要的。

（二）小学生的接受能力决定了在体育教学中应注重"教"与"玩"的结合

小学生，尤其是低年级的小学生，其理解能力和应用能力都比较差，在体育教学过程中，我们常常会遇到教师讲得头头是道，学生却似懂非懂的情况，这就说明体育教学只强调"教"是不够的，还必须同"玩"结合起来，通过做游戏等趣味活动来启发学生理解教学内容。

（三）小学生的成才需求决定了在体育教学中应注重"教"与"玩"的结合

体育教学的目的在于育人，即为社会主义事业培养合格人才，这就要求在体育教学中体现出能够开发学生智力、发展学生个性、增强学生体质和培养学生思想品德的特点。要达到这一目的，需要教师的精心教导和学生的自我锻炼。"教"可以使学生明确体育课的目的、原则、方法，"玩"则可以促进学生消化理解教学内容，增强实践能力，同时，有目的的"玩"还有利于发挥学生的潜能，发展其个性，增强其创造能力。

二、小学体育的任务

为了实现上述目的，小学体育教育要完成下列任务。

（一）积极开展群众性体育活动

积极开展群众性体育活动，增强学生体质，丰富学生课余文化生活，为学习服务。小学是儿童、少年最集中的地方，有一定的活动场地和师资力量，具备开展群众性体育活动的条件。亿万儿童、少年是国家未来的主人，是建设祖国的主力军，因此，国家把普及儿童、少年的体育活动放在优先地位，以促进他们身心健康成长。

小学体育的组织形式有体育课、课间操和课外体育活动。根据目前的实际和可能，国家要求小学一二年级每周安排四节体育课，三至六年级每周安排三节体育课，每周两节课外体育活动，每天坚持眼保健操、课间操。教育部要求中小学生每天要有2小时的体育锻炼，在校体育锻炼时间不少于1小时，使学生有节奏地进行学习、休息、活动，保持旺盛的精力，提高学习效率。

积极开展课外体育活动，引导学生参加积极向上的文化体育活动，可以增进健康，增长知识，减少追逐打闹、不守纪律的现象，避免沾染不良习气。这样既有益于学生身心健康发展，又有利于树立勤奋好学、生动活泼的良好校风。

学生的兴趣、爱好是多方面的，又处在生长发育时期，因此，课外体育活动的内容应多种多样，形式生动活泼，符合学生的特点。从小学三年级开始，可以组织学生参加《国家体育锻炼标准》内提出的活动，定期测验，鼓励他们去争取优秀成绩。运动竞赛带有技艺的特点，学生喜欢参加比赛，也喜欢看比赛，因此应有计划地开展运动竞赛，推

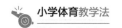

动群众性体育活动的普及，激励学生积极上进。

（二）组织运动队训练，提高运动技术水平

组织运动队训练，既是普及学校群众性体育活动的需要，又是提高国家运动技术水平的需要。学校在普及体育运动的基础上，把一部分有运动才能的学生组织起来进行课余训练，提高其技术水平。在群众性体育活动中，他们可起组织领导和技术指导的作用，推动学校群众体育的普及。运动队经过多年训练，打好身体基础和技术基础，可源源不断地为国家输送优秀运动员，提供后备力量，为我国运动技术超过世界先进水平作出贡献。

（三）传授体育基本知识、技术和技能

人体的结构是复杂的，儿童、青少年时期又有不同的生长发育特点。学生参加锻炼，要遵循人体活动的规律和生长发育的特点，才能达到增强体质的目的。因此，要对学生进行体育基本知识、人体结构和运动生理卫生知识的教育；教会学生基本的体育技术和技能、锻炼方法，使他们懂得体育锻炼的意义和作用，培养锻炼身体的习惯，自觉地进行科学的体育锻炼。在进入新的学习单元时，学生原有的学习习惯、学习方法、相关的知识和技能对新的学习任务达成的效果起着决定性的作用，它们是新的学习任务的内部条件。所以教师在确定最终教学目标后，必须分析并确定学生的起点状态，即起点能力。另外，从知识分类学习论的观点看，由于智慧技能从"辨别"到"高级规则"之间有着严格的先后层次关系，对于作为高一级智慧技能先行条件的较低级智慧技能，必须全部掌握。而且由于技能的形成比知识习得所需要的时间长，所以在教授新技能前，必须及时进行补救性教学。一般情况下，教师可以运用安排小测试、课堂提问、问卷调查等方法来了解学生原有的基础。

（四）培养体育兴趣，对学生进行思想品德教育

体育教学是一个有目的、有计划的教育过程，体育活动不仅影响学生的机体，而且对学生的道德作风、思想品质有重要的教育作用。在体育活动中，要严格要求学生遵守共同的道德准则，培养和树立良好的道德风尚；教育学生热爱党、热爱祖国，培养学生对体育的兴趣，提高学生关心自身健康的社会责任感；促进学生个性发展，培养学生的组织纪律性和生动活泼、勇敢顽强、富于创造的精神，陶冶美的情操，培养文明行为。思想教育应贯穿各项体育活动的始终，在培养祖国建设人才的光荣使命中发挥体育的教育作用。

第三节 体育课核心素养发展趋势

一、正确理解体育学科核心素养的内涵

体育学科核心素养是学生通过体育学习逐步形成的价值观念、必备品格和关键能力，它凝练并集中体现了体育学科独特的育人价值，是体育与健康课程对学生发展核心素养的特殊贡献。

体育学科核心素养不等于知识和技能，它包括知识和技能，但是远远超越知识和技能，强调培养学生的能力、品格和价值观念。学科核心素养不是先天形成的，而是通过后天的学习和培养形成的。培养学生的学科核心素养，有助于学生的终身学习和锻炼。

体育学科核心素养包括三个方面：运动能力、健康行为和体育品德。培养学生的运动能力、健康行为和体育品德，能够体现体育学科健身育人的本质特征。运动能力、健康行为和体育品德三个方面学科核心素养的提出，在我国基础教育体育与健康课程历史上具有划时代的重大意义，这不仅是体育与健康课程目标的跨越式发展，更体现了课程改革对培养全面发展的人的重视。三个方面的学科核心素养并不是彼此独立的关系，而是相互联系、相互影响、相互促进、共同发展的关系。

（一）运动能力

运动能力是体能、技战术能力和心理能力等在身体活动中的综合表现，是人类身体活动的基础。运动能力是形成健康行为和体育品德的基础。运动能力分为基本运动能力和专项运动能力。基本运动能力是从事生活、劳动和运动所必需的能力；专项运动能力是参与专项运动所需要的能力。运动能力的具体表现形式为体能状况、运动认知与技战术运用、体育展示与比赛。由此可见，运动能力是学生在运动中的综合表现，而不仅仅是某一方面的表现，学生只有体能、技战术能力和心理能力协调发展，才能拥有良好的运动能力。运动能力只有通过身体练习才能获得，因此，它是学科核心素养三个方面中最具体育和运动特色的核心素养。

（二）健康行为

健康行为是增进身心健康和积极适应外部环境的保证，是改善健康状况并逐渐形成良好生活方式的关键。健康行为是发展运动能力和体育品德的核心。体育教育教学最终的目的是要培养学生的运动习惯，使学生能够积极主动地参与校内外的体育锻炼，掌握科学的锻炼方法和健康技能，学会健康管理，逐步形成自觉锻炼的习惯；情绪稳定、包容豁达、乐观开朗、团结合作，增强适应自然环境的能力；关注健康、珍爱生命、热爱生活，养成良好的生活方式，改善身心健康状况，提高生活和生存能力。

（三）体育品德

体育品德是指在体育运动中应当遵循（表现出自觉遵守）的行为规范以及形成的价值追求和精神风貌，对维护社会规范、树立良好的社会风尚具有积极作用。

体育品德是提高运动能力和改进健康行为的保证。体育品德包括体育道德、体育精神、体育品格。体育道德主要是指遵守规则、诚信自律、公平正义等品质。体育精神主要是通过让学生参与运动，培养自尊自信、勇敢顽强、超越自我、勇于进取的精神。体育品格主要是培养学生的文明素养、社会责任感、正确的胜负观等。通过体育品德的培养，学生能够主动克服困难，具有积极进取、挑战自我、追求卓越的精神；能够正确对待比赛结果，胜不骄、败不馁；能够胜任运动角色，表现出负责任的行为；要有文明礼貌、尊重他人，具有公平竞争的意识和行为。

体育学科核心素养的本质追求是对待体育与健康的积极态度，是将体育与健康的知识和技能运用于生活之中的能力，是在体育与健康实践过程中的良好体验、个性形成。体育学科核心素养的培养，能促进学生全面发展，有助于落实立德树人的根本任务，充分体现体育学科对培养人的独特的、不可替代的作用。

二、学科核心素养引领课程目标

随着《中国学生发展核心素养要素》的颁布，探讨如何有效培养中国学生的核心素养已成为热门话题和研究热点。体育学科核心素养是学生发展核心素养的重要组成部分，发展体育学科核心素养也是促进学生发展核心素养的关键。现阶段，体育课程目标指向了学科核心素养。体育课程要真正落实立德树人的根本任务，充分发挥体育育人的功能和价值，就需要培养学生的学科核心素养。学科核心素养引领课程目标、教学内容、教学质量、教学方式、学习评价等，也就是说，体育课程所有的教学环节都要紧紧围绕学科核心素养进行设计和实践，把学生的核心素养培养好了，就是把学生培养好了，就是真正意义上的教学质量的提高。促进学生体育学科核心素养的形成，是体育课程的崇高追求。学科核心素养既是体育课程的出发点，也是体育课程的落脚点。

三、学科核心素养引领下的体育课程教学设计与实施

（一）以目标为先导的逆向教学设计

格兰特·威金斯在《追求理解的教学设计》一书中提出："一开始就在头脑中想好结果和目标，这意味着你对自己的目的地有清晰的了解，这意味着你知道要去哪里，从而能够更好地知道你现在的位置，以及如何走才能保证你一直朝着正确的方向前进。"体育课程教学设计都应保持体育学科核心素养与具体教学设计的一致性。体育教学设计始终以提升体育学科核心素养、实现体育课程学习目标、促进学生达成学业质量要求作为教学设计的出发点与归宿。

（二）课程教学实施瞄准体育学科核心素养

学生体育学科核心素养的获得只有在体育教师的引导下，在经历真正意义上的体育与健康学习活动中，在进行体育学习并获得运动能力、健康行为、体育品德后，才能迁移到生活中去解决体育与健康素养的问题。

1. 自主学习

在体育课程教学中，从学习目标的确定、学习计划的制订，到体育教学环节的确定与调控，都应充分考虑学生的学习基础与主体作用的发挥。体育教师为学生自主、自律、创造性学习创造良好的教学环境，引导学生积极思考、主动探索、自觉实践、积极进取，生动活泼地成长。

2. 深度学习

体育学科核心素养不是表层的动作学习与身体训练，而是一种基于理解基础上的体育与健康知识内化、行为养成、道德修为。在体育教学中，学生应将所学的体育与健康知识、技能、能力发展与体育学科核心素养有机结合起来。在教学过程中，体育教师应透过外显的体育运动技战术，深入体育运动对人的意义与价值的学习，促使学生将所学习的体育与健康知识、技能、能力，与他们作为家庭成员、公民的生活之间建立联系。引导学生在生活实际中运用所学到的知识与技能，过健康、文明、有意义的生活。

3. 体验学习

体育学科核心素养是学生通过体验而形成的，它不是体育教师教出来的，更不是通过身体训练练出来的。为了提升体育学科核心素养，体育教师应创设良好的体育与健康课程的活动与情境，使学生参与其中并产生良好的感受与体验。体育教学应从关注学生显性的体能与技能学习效果，到既关注学生体能与运动技能的外在表现，又关注学生在体育学习过程中的感受与体验，还关注学生个体对所经历的体育与健康学习过程的情感态度的反应与评价，更关注学生在感受的基础上形成的对体育与健康意义的建构与价值内化。

4. 个别化指导

体育学科核心素养的形成具有鲜明的个性色彩，换言之，它是由每一名学生在体育课程学习中获得的独一无二的感受与体验所决定的。为此，体育教师应关注每一名学生，进行个别化学习指导：了解每一名学生的独特之处，制订切实可行的学习目标及实现学习目标的路径，为不同个性、不同体育运动禀赋的学生积极主动、全身心投入学习与练习提供平等安全的学习环境。

5. 和谐的师生、生生关系

体育学科核心素养的形成与体育教学的环境和氛围具有较大的相关性。体育教师在体育教学中应保持平等和谐的师生关系：师生之间、学生之间互相尊重、互相信任，教师尤其应尊重学生在体育教学中的主体地位和选择权。

6. 创设享受运动乐趣的活动与情境

享受运动乐趣就是在体育与健康学习中经历与体验运动带来的激情迸发、身体舒畅、精神愉悦的酣畅淋漓的过程。2018年9月10日，习近平总书记在全国教育大会上指出："要树立健康第一的教育理念，开齐开足体育课，帮助学生在体育锻炼中享受乐趣、增强体质、健全人格、锤炼意志。"[①]习近平总书记将享受运动乐趣放在与增强体质、健全人格、锤炼意志同等重要的位置上加以阐述，值得广大体育教师认真思考。无论是提升学生体育学科核心素养，还是实现增强体质、健全人格、锤炼意志的目的，前提都是学生积极主动、坚持参与体育学习与体育活动，学生在享受运动乐趣的过程中对体育产生兴趣。从一定意义上讲，每名学生都能充分享受运动乐趣，乐此不疲地参与体育运动，才能使学生体育学科核心素养的提升真正落到实处。

四、学科核心素养下中国健康体育课程模式的构建

中国健康体育课程模式是季浏教授和他的团队在经过十多年对国际体育课程的研究以及对国内体育课程改革的总结和反思的基础上构建的，全国有近50所学校的10万多名学生参加了本课程模式的实验，取得了显著效果。把中国健康体育课程模式落实好，有助于培养学生的学科核心素养，有助于学生身心健康、体魄强健。

（一）构建中国健康体育课程模式的目的

第一，努力解决我国青少年体质健康水平近三十年来持续下降的问题。

第二，努力改善青少年学生在体育活动和学习生活中表现出来的意志薄弱、活力不够、缺少交往、性格孤僻、焦虑抑郁等情况，实际上也就是要解决中国学生身心健康水平不佳的问题。

（二）中国健康体育课程模式的理念

第一，培养学生的健康意识和行为，促进学生全面发展。

第二，提高学生的运动能力，引导学生学会运动。

第三，尊重学生的学习需求，培养学生对运动的喜爱。

以上这三个理念也是针对中国学校体育教育存在的三大问题提出来的。这三大问题是：第一，中国学生的体质健康水平持续下降；第二，绝大多数学生没有掌握好一项运动技术；第三，学生喜欢运动，但不喜欢体育课。

（三）中国健康体育课程模式的结构与内涵

中国健康体育课程模式由两部分组成：第一部分是总体要求，第二部分是关键要点。这两部分相互联系，相互渗透。

---

① 习近平. 坚持中国特色社会主义教育发展道路 培养德智体美劳全面发展的社会主义建设者和接班人[N]. 人民日报，2018-09-11（01）.

1. 总体要求

总体要求既符合2001年、2004年、2011年课程标准的精神，也符合国际体育课程发展趋势。其中，学习目标是提高体质健康水平和心理健康水平；教学内容要深受学生喜爱，使其能够学以致用；教学方式要求从以教为主向以学为主转变；课堂氛围强调民主平等、和谐互动、积极向上；学习评价重视过程性评价与结果性评价相结合。

2. 关键要点

从体育学科的角度提出中国健康体育课程模式有三个关键要点，只有做到了这三个关键要点，才能培养好学生的学科核心素养，才能解决中国学校体育教育存在的三大问题，才能把中国学生培养成身心健康、体魄强健的学生。所以，这三个关键要点是中国健康体育课程模式中特别强调的。

（1）第一个关键要点——运动负荷。体育课的运动负荷包括生理负荷和心理负荷两个方面。这里探讨的是生理负荷。决定生理负荷大小的主要因素是运动密度和运动强度。中国健康体育课程模式所倡导的每一节课的运动密度应该在75%左右。即一堂40分钟的体育课，30分钟必须是学生持续的练习活动时间，其间学生的心率要达到140～160次/分。

（2）第二个关键要点——体能练习。中国健康体育课程模式要求每堂体育课都要有10分钟的体能练习，这也是为了提高学生的体质健康水平而提出的。10分钟体能练习须注意几点问题：一是体能练习的手段和方法应该多样化，每一堂体育课都应该用多种方式练习体能。体能也涉及整体发展的问题，不要把其割裂开来，每堂课要练习速度、灵敏度、耐力、力量、柔韧性等，使体能水平得到全面协调发展。二是要注重"补偿性"体能练习，因为不同项目体能发展的侧重点不同。

（3）第三个关键要点——运动技能。运动技能在本课程模式中不但没有弱化，而且还得到了强化，比传统的每节体育课教一个单个技术的要求更高。关于运动技能的教学，中国健康体育课程模式主要强调要让学生学习结构化的运动知识和技能，并以活动和比赛为主。以篮球课为例，一节课不能只教一个双手胸前传接球技术，传球、运球、投篮、比赛都要教，才叫结构化知识和技能的教学。结构化知识和技能的学习更吸引学生。每堂课学生运动技能学练的时间应该保证在20分钟左右。由此可见，中国健康体育课程模式下每节课大体的时间分配是这样的：假设一堂课40分钟，其中10分钟体能练习，20分钟技能练习，还有10分钟教师做示范讲解、小结等。总之，我们要明确体育教学主要是让学生参与运动，而不是学单个技术。即使教学生单个技术，也要尽快让单个技术融入整体的活动和比赛当中，以提高学生运用技术的能力。例如踢足球，要先让学生体验什么叫足球运动，然后再提高学生的单个技术。或者可以先让学生踢起来，在踢的过程中再慢慢提高其运动技术水平。在学生完整的运动都还不了解的情况下，一开始就教单一的技术动作，势必会单调、枯燥、乏味，学生就可能因此不喜欢足球。

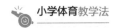

（四）改变五种课堂教学形态

1. 第一种形态：军事课

体育课上军事练习的内容太多，势必导致学生的运动时间太少。稍息立正、队列练习等内容不要占用太多的时间，也不必每节课都练。

2. 第二种形态：纪律课

纪律课主要表现在课堂上教师长时间的训话以及提过多要求，造成课堂教学气氛紧张、沉闷。

3. 第三种形态：安全课

安全课指学校和体育教师因担心学生受伤而不愿意让学生进行有一定运动负荷和竞争性、对抗性内容的练习，如耐久跑、单杆、双杆等体操类器械运动。如一些体育教师仅仅让学生到阳光下晒晒太阳，伸伸腿弯弯腰。通过研究观察了大量国外的体育课，也从近50所基地学校10万多名学生的实验中得出了一个结论，即在循序渐进、逐步提高的情况下，在一定的运动强度和密度范围内，运动负荷越大，越不容易发生安全问题。

4. 第四种形态：说教课

体育课不是文化课，即使是文化课，现在也不提倡教师"满堂灌"，可是不少体育老师在体育课上会让学生停下来，自己说教很长时间。学生的体能和运动技能水平的提高以及体育精神的培养不是老师说出来的，而是学生练出来的。

5. 第五种形态：单个技术课

如一节篮球课学习双手胸前传接球，甚至三四节课连续学习双手胸前传接球就是所谓的单个技术课。比较提倡的情况是：这节篮球课学习双手胸前传接球，下节足球课学习脚内侧传球，再下一节武术课学习马步冲拳。

（五）改变"三无"体育课

要培养学生的学科核心素养，除改变上述的五种传统课堂教学形态以外，还要改变无运动量、无技战术、无比赛的"三无"体育课，变成有运动量、有技战术、有比赛的"三有"体育课。中国健康体育课程模式最后要达到的目标就是使学生体格健美、体态强健、意志坚强、乐观开朗、团结合作、品德高尚，其实就是为了培养学生的学科核心素养，真正解决中国学生不喜欢体育课、没有掌握好一项运动技术、体质健康水平不高等问题。

课后作业

1. 小学体育课的目的是什么？
2. 小学体育课的任务有哪些？
3. 体育学科核心素养包括哪三个方面？

第二章　儿童的生理和心理特点

第一节　学龄儿童的生理特点

小学体育的重要任务之一，就是要促进学生的身体正常生长发育，增强体质和发展其体能，其中包括培养学生正确的身体姿势和养成良好的卫生习惯。所以，体育教师要很好地掌握儿童身体的形态和生理机能的发展规律，了解儿童的生理特点，根据人体生长发育过程的规律，科学地安排体育教学训练的内容和方法，才能获得良好的教学效果。

一、我国儿童、青少年身体发育规律

近年来，我国的教育、卫生和体育部门联合进行过调查，初步掌握了当前我国儿童、青少年身体形态、机能和运动素质方面的发展规律，为体育教学训练提供了客观依据。

人体的生长发育是由量变到质变的复杂过程，人体由小到大，由矮到高，由轻到重，是构成人体的细胞不断繁殖和细胞间质不断增多的结果，这是量的渐变过程，叫作"生长"。人体的细胞与器官不断分化，机能逐渐成熟，形态逐渐完善的过程，叫作"发育"。发育比生长要复杂些，是人体质的变化过程。人体生长发育是通过新陈代谢来实现的，而新陈代谢又是通过同化作用和异化作用的对立斗争而进行的。在儿童生长发育的过程中，同化作用占优势，身体各组织器官不断生长发育，使人从幼年发展到成年。在成年时期，同化和异化作用趋于平衡状态，而到了老年时期，异化作用占优势，人体器官机能逐渐下降而变得衰老，一旦新陈代谢停止，生命即告终结。人体生长发育的速度是不均衡的，有时很快，有时缓慢，有其一定的规律性。以身高体重为例，婴儿期是生长速度最快的阶段，为第一次生长高峰期，然后生长速度变得较为缓慢。到了青春发育期，生长发育又显著加快，这一时期为生长加速期，出现第二次生长高峰。身高的增长，一般是女子延续到18～20岁，男子延续到20～25岁。小学和青春发育前期，是儿童、少年身体生长发育最明显的时期。我国7～9岁儿童的身高平均每年增长4～5厘米，体重每年增长2千克左右。从10岁开始，男童、女童的发育出现较明显的差异，因为女孩进入青春发育期要比男孩早2年。10～12岁为女孩快速生长期，身高平均每年增长5.3厘米，

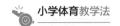

体重平均每年增长3.5千克，其中11岁身高增长最快，年增长值达5.9厘米。男孩则在12～14岁为快速生长期，身高平均每年增长6.2厘米，体重平均每年增长4.5千克，其中13岁身高增长最快，年增长值达6.5厘米（见图2-1）。

在男女身高发展曲线图中，从10岁开始便出现女孩高于男孩的现象，接着体重也超过男孩，直到13岁以后，女孩的生长发育速度减慢，而男孩的身高在这之后便一直超过女孩。这种男女身高体重发展交叉的规律，我国农村儿童一般要比城市儿童晚一年时间出现。这种现象反映出我国目前城乡生活水平的差异，农村儿童的身体发育比城市儿童大约迟一年。因此，在安排农村小学生的体育教材和制定体育考核标准时，必须考虑到城乡差异的因素。

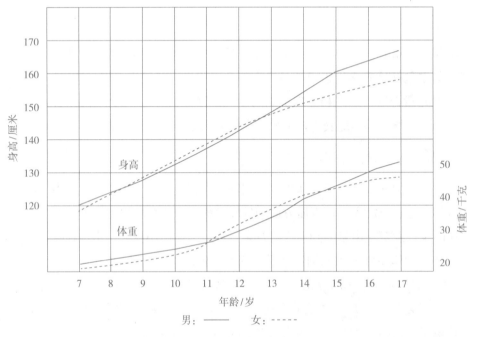

男：—— 女：-----

图2-1 我国7～17岁男、女生身高、体重发展曲线

在身体生长发育过程中，身体各部分的比例会不断发生变化。在青春发育初期，身高增长快，横向发展较慢；而在青春发育后期则横向发展较快，纵向长高较慢。所以，若没有在儿童期经常地从事各种体育活动，会使儿童身体下肢的发育受到影响，造成躯干的增长快于下肢增长的不协调现象。

二、体育运动与儿童的生长发育

（一）体育运动与儿童骨骼发育

人体完成各种动作，主要是肌肉收缩作用于骨骼的结果。换句话说，运动是以骨为杠杆，关节为枢纽，肌肉的收缩为动力而完成的。所以，骨、关节和肌肉组成了人体的运动器官，对于儿童的生长发育具有重要的意义。

正常的人体共有206块骨头，分为颅骨、躯干骨和四肢骨三部分。由于身体发展的不平衡，在不同年龄时期人体具有不同的形态特征。如7岁以前躯干相对较长，下肢较短，但到了青春发育期，则下肢增长迅速。儿童骨的成分中，具有坚固性的无机物、矿物盐较少，而具有弹性、韧性的有机物较多，受重力负荷时易使骨骼产生形变。小学儿童的骨骼中含有较多的软骨组织，骨化过程尚未完成，这些软骨层就是身高发育的生长层。因此，儿童在骨生长发育停止之前，经常进行体育锻炼能促进骨生长，因为体育锻炼可以改善血液循环，增加骨细胞营养物质的供应，提高骨细胞的生长能力。

儿童从7岁开始便形成脊柱的弯曲度，但在整个小学年龄期，脊柱的弯曲度都还是不稳定的。儿童脊柱的肌肉和韧带组织发展较弱，在垂直姿势中要保持稳定平衡，就要求躯干的肌肉紧张，静止用力会很快产生疲劳，所以小学生不能长时间地静止站立或坐在教室内不活动。在课间休息的时候，应该让儿童进行各种形式的运动，这是积极性休息的最好手段。适宜的运动还有助于儿童智力的发展和记忆力的提高。儿童的骨骼，特别是脊柱，具有很强的柔韧性和可塑性，如果受不良条件的影响，儿童产生骨骼形变的可能性很大，所以在体育教学中要特别注意培养儿童的正确身体姿势。

（二）体育运动与儿童肌肉发育

肌肉是人体运动中起积极作用的器官。人体肌肉共有639块，大约由60亿条肌纤维组成。儿童肌肉的特点是含水分较多，含蛋白质和无机物较少，所以富于弹性，但肌力较弱，耐力差，易疲劳。随着年龄的增长，肌肉中的水分比例逐渐减少，有机物和无机物的含量逐渐增多。因此，肌肉的体积、重量和肌力也不断增加。如8岁儿童的肌肉重量还不到体重的1/3，到15岁时肌肉重量接近体重的1/3，而到17～18岁时，肌肉的重量已接近体重的一半。从儿童到成人，肌肉的力量也随着年龄不断增长。在儿童的发育过程中，虽然在10～13岁时女孩的身高、体重都超过同年龄的男孩，但肌肉的力量则从小学开始一直是男孩大于女孩。而且人体右半部分肌肉的力量大于左半部分肌肉的力量，这是人类在长期劳动中形成的一种遗传因素。为了使儿童的肌肉系统得到充分发展，体育教学应注意对称地发展身体左右两侧的肌肉力量。

根据儿童骨化阶段尚未完成，软骨组织较多，肌肉纤维较细，力量和耐力较差等特点，小学体育教学的内容和方法应该考虑采用有利于发展儿童的各种感觉器官和形成基本活动技能的基本体操，以及各种跑、跳、投的游戏等宜于发展速度素质、柔韧性和弹跳力的练习。力量性练习和负重练习的重量不能过重，负重的时间不能过长，否则会影响下肢的发育，引起脊柱形变，而且还可能导致骨化过程提早完成，有碍身高的增长。练习的动作要多样化，使各肌肉群能交替进行工作，以便肌肉得到休息和恢复工作能力。

儿童的关节软骨较厚，肌肉韧带的伸展性较大，关节运动的幅度大于成年人，注意柔韧性的练习有利于发展肌肉的弹性和关节的灵活性。

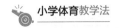

（三）体育运动与儿童心血管系统发育

心血管系统包括心脏、动脉、静脉和毛细血管。心脏是血液循环的动力器官，它有节奏地收缩，不断地推动血液在血管中流动。血液由心脏流向身体各部分所经过的血管称为动脉。动脉血含有丰富的氧和营养物质，颜色鲜红，循环通过身体各组织器官内，在连接动脉与静脉的毛细血管中进行物质交换和气体交换，将氧和营养物质送到全身各器官，同时又将组织中的代谢产物，包括无用的物质和二氧化碳带入静脉，成为暗红色的静脉血返回心脏，这一过程称为体循环（大循环）。

含有代谢物和二氧化碳的静脉血返回心脏后，经肺动脉及其分支到肺泡周围的毛细血管进行气体交换。呼气时，二氧化碳离开毛细血管进入肺泡腔呼出体外。吸气时，空气中的氧通过肺泡进入毛细血管，因此，血液由静脉血变成含氧丰富的动脉血，再经肺静脉流回左心房，这一过程便称为肺循环（小循环）。血液在全身循环一周约为 20 ～ 25 秒，运动时可能缩短到 8 ～ 9 秒（见图 2-2）。

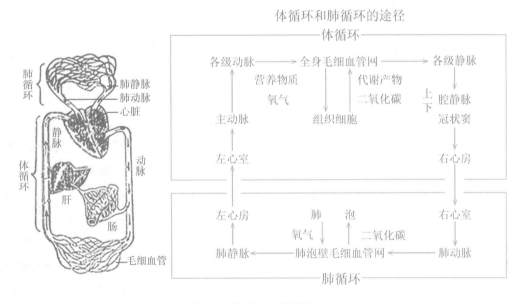

图 2-2　体循环和肺循环

在身体生长发育期，心血管系统随着年龄的增长而发展，心脏的重量随年龄的增长而增加，但占体重的比例则相对有所减少，特别是 10 ～ 11 岁时，儿童的血液重量占体重比例较大，如 14 岁儿童的血液重量占体重的 9%，而成年人仅占体重的 7% ～ 8%。儿童的心收缩频率较快，在安静状态下，7 岁儿童的心收缩频率为每分钟 90 ～ 95 次，但每搏输出的血流量则较少，7 岁约为 23 毫升，12 岁约为 33 毫升，而成人的每搏输出量可达 50 ～ 70 毫升。

肌肉的工作总是要通过血液循环消耗更多营养物质，肌肉的收缩越强、消耗的营养物质越多，流经肌肉的血液就越多。例如用中等强度跑步时，流经肌肉的血液要比安静状态下多10倍以上，这样就要靠加强心脏的工作才能完成血液供应。加强血液循环有两种途径：一是加快心收缩频率，二是增加每搏输出的血流量。所以在运动过程中，血压可增高到200 mmHg，在停止身体负荷后，脉搏和血压便迅速恢复到原来的状态，并往往会降低到低于原来的水平。成年人在安静状态下，心脏每搏输出量为50～70毫升，每分钟输出量3～5升，在运动时每搏输出量增加到200毫升，即每分钟输出量可达12升，比安静时增加4倍之多。儿童的心脏每搏和每分钟输出量比成人要小，但相对值（按每千克体重的输出量）要大，而且年龄越小，其相对值越大。这样就保证了在成长过程中因新陈代谢旺盛而需要较多氧量的供应，也说明了儿童、青少年的心脏足以胜任短时间紧张的肌肉活动。

人体的所有动作，如平时的散步、走路、上楼梯等都会加强心脏的功能。相反，长时间坐着不动，会减慢血液流动，易使血液积聚在下肢静脉中，这就是我们久坐后往往会感到两脚麻木的原因。体育运动和体力劳动等所有动作都是肌肉收缩的外部表现形式，它们都能加快静脉血的循环。肌肉收缩时，一方面要求提高能量供应，增加血流量和心脏的负担；另一方面，肌肉收缩本身又可以加快血液循环，使心脏工作不易疲劳。

儿童的心肌纤维较细，弹力纤维分布较少，心收缩力较弱，所以儿童每分钟的脉搏频率较高，但血压低于成年人。儿童的心率随着年龄的增长而递减，血压则随年龄增长而逐渐升高。在运动时，儿童主要靠加快心率来增加心输出量，所以儿童在剧烈运动后，脉搏平均可增加到每分钟200次以上，400米跑后，脉搏的频率最高。小学生的体育活动，按每分钟的脉搏频率来评定其运动量时，一般认为平均130～150次/分的频率是最适宜的心率。经常从事体育锻炼，可使心肌纤维变粗，同时心脏毛细血管开放增多，可以促进血液循环，增强心收缩力，使每搏输出量增加。

儿童的运动量不宜过大、时间不宜过长，憋气、紧张性和静力性练习不宜过多，以免心脏长时间负担过重，造成心脏过度疲劳。只要根据儿童心血管系统的机能特点来安排适宜的体育活动，就能使心血管系统得到逐步锻炼和加强。如各种奔跑、跳跃的游戏，强度不是很大的定时跑，是发展心肺功能的良好手段。但儿童的兴奋性高，自己不能控制运动量，所以常采用走跑交替的间歇跑来控制运动量。

（四）体育运动与儿童呼吸系统发育

呼吸和心脏工作一样，在人的一生中是不能停止的。我们所呼吸的空气，由鼻、咽、气管和支气管组成的呼吸道进入肺部。人体与外界环境之间及人体内部所进行的气体交换的全过程称为呼吸。呼吸过程包括外呼吸、血液的气体运输和内呼吸三个部分。外呼吸是血液通过肺与外界环境之间进行的气体交换，又称肺呼吸；血液的气体运输一方面是将肺部所摄取的氧及时运送给组织细胞，另一方面又将组织细胞产生的二氧化碳运送到肺排出体外；内呼吸是血液通过组织液与组织细胞之间进行的气体交换，又称组织呼吸。

呼吸系统包括输送气体的呼吸道和交换气体的肺，呼吸道有温暖和湿润所吸入气体的作用，呼吸道黏膜对吸入空气中的尘埃起黏着作用。喉以下的气管及支气管的黏膜上皮细胞上有很多纤毛，可以将吸入的灰尘通过纤毛运动送到气管上部。气体交换主要在肺内进行，支气管由大到小越分越细，最后连接肺泡。每一小支气管及其分支与肺泡相连，好像葡萄一样组成肺小叶，其上布满毛细血管。据推算，一般人的肺泡有75亿个，如果将全部肺泡壁摊开铺平，肺泡壁的总面积约有100平方米，大于半个排球场。由心脏输入

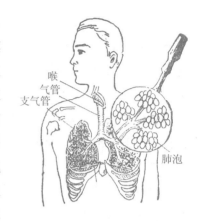

图2-3　人的呼吸器官

肺内毛细血管的血液均匀地分布到这样大的面积上，可以同时进行气体交换，血液与肺泡只隔着极薄的一层肺泡上皮和毛细血管壁，故气体很容易扩散入血液中，或自血液逸入肺泡，迅速进行气体交换（见图2-3）。

呼吸过程中，胸腔扩大和缩小的动作称为呼吸运动。肺不是肌肉组织，它本身并无扩张和收缩的能力，肋间肌和膈肌的收缩使胸腔扩大和缩小，肺随之被动地扩大和缩小。当胸腔扩大时，肺随之扩大，肺内压降低，空气通过呼吸道进入肺内，称为吸气。当胸腔缩小时，肺随之缩小，肺内压升高，肺内气体即通过呼吸道排出体外，称为呼气。根据胸廓的结构和呼吸机制的特点，可分为胸式呼吸、腹式呼吸和混合型呼吸。呼吸的进行如果主要靠肋间肌以肋骨运动为特征者称为胸式呼吸；呼吸运动主要靠膈肌活动来实现者称为腹式呼吸；而胸廓和膈肌同时参与运动的称为混合型呼吸，正常人体的呼吸运动，一般都属于混合型呼吸。肺的容量是相当大的。我们通常在平静状态下的呼吸，每次呼出或吸入的气量称为潮气，成人平和呼吸时的潮气量约为500毫升。若在平和吸气之末尽全力再吸，还可以在原来吸气的基础上再吸进2200毫升，称为补吸气。若在平和呼气之末再用全力呼气，还可以呼出900毫升，称为补呼气。在最大努力呼气之后，肺仍保持着一定的扩张状态，肺内仍有约1500毫升的气体，称为余气。正常人的肺内能容纳的气体总量，称为肺总容量，约为5100毫升。人体尽全力吸气之后再用全力呼出的气体总量，称为肺活量。我国7～12岁儿童的平均肺活量一直都是男大于女（见表2-1），随着年龄的增长，男、女肺活量相差越来越大。我国成年男子肺活量平均为4000毫升左右，女子平均为3000毫升左右，运动员的肺活量可达5000毫升以上。

表2-1　我国7～12岁儿童的肺活量（平均参考值）

年龄	肺活量/毫升	
	男	女
7岁	1303	1186
8岁	1433	1307

续表

年龄	肺活量/毫升	
	男	女
9岁	1602	1445
10岁	1775	1617
11岁	1926	1780
12岁	2117	1979

肺通气量是指每分钟呼出或吸入肺内的气体总量，它等于呼吸深度（每次呼出或吸入的气体量）与呼吸频率（每分钟的呼吸次数）的乘积。年龄越小，呼吸频率越快，5岁时平均为26次；15～20岁时平均为20次；25～30岁时平均为16次，女子比男子每分钟快1～2次。当运动或体力劳动时，身体的能量代谢增加，不仅使呼吸频率加快，而更重要的是呼吸深度加大。呼吸频率可提高到每分钟30～40次。肺通气量在安静状态下为每分钟4～6升，而运动时成年男子可达120升，女子可达80升，即增加20倍以上（见图2-4）。实验证明，大自然的空气中含氧21%，含二氧化碳0.03%；而从肺中呼出来的气体则含氧为16%，含二氧化碳达4.5%。人体处于安静状态时，为了维持正常的生理活动，每分钟需要250～300毫升的氧，运动时对氧的需求量急剧增加，但由于呼吸和循环机能有一定的惰性，不能从运动一开始就立刻发挥其最高的机能水平，所以氧的供应暂时赶不上需要，这不足的部分要等到运动后的恢复期来补偿，这就是通常所说的氧债。在运动结束后，吸氧量仍然是很高的，需要一段时间才能恢复到安静时的水平。

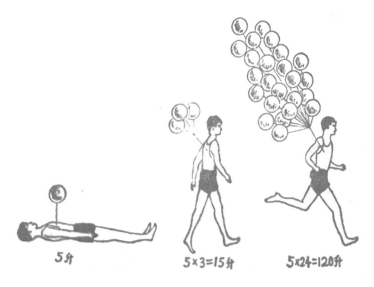

图2-4　每分钟的肺通气量

呼吸的频率和深度受神经系统的调节，人们可以按自己的意志来改变呼吸频率和深度，甚至还可以在短时间内控制住，使自己停止呼吸。如注意力高度集中和完成准确性动作时，就会很自然地出现这种现象。又如射击、射箭、举重、潜水等运动项目中，就常常要控制住自己的呼吸动作来保证更好地完成练习。在肌肉工作时，血液中积累的乳酸也会对延脑的呼吸中枢产生刺激作用，因此身体的负荷量越大，乳酸的浓度越高，对呼吸中枢的刺激就越强，呼吸频率就越快、越深。

在体育运动中，教育儿童养成合理的呼吸习惯是很重要的。从卫生学的角度来看，应教育儿童养成平时用鼻呼吸的习惯。因为通过鼻黏膜可以净化、湿润、温暖气体，能避免寒冷、干燥和带有尘埃、细菌的空气吸入肺内。但在剧烈运动时，单用鼻孔呼吸不能满足肺通气量的需要，应辅以张口呼吸。对成年人的实验证明，运动时用口鼻同时呼吸，肺通气量可达120升以上，而只用鼻呼吸，则只有80升。冬季在室外进行中长跑锻炼时，张口不宜过大，要使冷空气在口腔内得到一定的加温，以免过冷的空气刺激咽喉。

体育教学中要教育儿童注意加深呼吸，特别要加深呼气，呼出的气体多才能吸进更多的新鲜空气，否则就会出现呼吸表浅，频率加快，并且会有吸得多、呼得少而感到胸部胀满、呼吸困难的现象。在中速跑和慢速跑时，呼吸的节奏最好是保持2～4个单步一吸和2～4个单步一呼的均匀呼吸。在体育运动中，很多用力性、准确性和复杂性的动作，往往要求短暂的憋气和闭气来为肌肉用力创造良好的条件，但对儿童来说，不宜过长时间憋气和闭气。

第二节　身体运动素质发展的年龄特征

一、力量素质

肌肉力量的大小与中枢神经系统的机能和肌肉横断面的大小有关。在幼年时期，由于肌纤维较细，中枢神经系统对肌肉的调节还不完善，肌肉群的活动还不够协调，肌肉表现出来的力量较小。在人体生长发育时期，随着年龄的增长，肌肉力量也会增长，但在身高增长的快速时期，由于肌肉纵向生长得快，横向生长较慢，所以这一时期肌肉力量的增长相对较慢。

力量是身体运动素质的基础。力是使物体产生加速度的原因，任何运动都是肌肉力量的外部表现。所以从幼年到老年，要保持一定的运动能力，都必须进行力量素质的锻炼。但在儿童时期，不宜进行过重的负重练习和过长时间的静力性紧张练习，而宜进行引体向上、爬竿、跳跃等练习，这对发展儿童力量和耐力素质都有良好作用。

二、速度素质

关于不同年龄时期速度素质的变化问题,据国内外有关文献研究:8～9岁时跑步和游泳能力增长非常之快。男孩在10岁、女孩在11岁时跑的速度和蹬自行车踏板的转数可达到最大值。男孩在8～13岁速度的增长率最大,15～16岁次之;女孩在9～12岁速度的增长率最大。因此,这一年龄期为发展速度素质的敏感期。根据速度素质的年龄特征,在小学体育教学和训练中,应多采用一些要求动作频率和反应速度快的运动项目,如乒乓球、羽毛球、游泳、田径的跑跳等。

三、柔韧性和灵敏素质

柔韧性素质与儿童运动器官的机能和结构有关。研究证明,年龄越小,柔韧性就越好。儿童、青少年骨的弹性较好,可塑性大,关节韧带的伸展性大,所以,小学时期进行柔韧性素质的训练效果最好。

灵敏素质与人体对空间定位和时间感觉的能力有关,同时也与速度素质和力量素质的发展有关。研究材料证明,灵敏素质随年龄发生变化。幼年时期,空间定位和时间判断能力较差,10～11岁定位和定时能力开始提高,13～14岁提高得最为显著,15～16岁以后,这种自然增长的情况便逐渐缓慢下来。所以在小学阶段,通过体育训练来发展灵敏素质可以取得较好的效果。在小学体育教学中,加强基本体操、各种轻器械体操和活动性游戏的练习,对培养儿童的柔韧性和灵敏素质具有重要意义。

四、耐力素质

耐力素质是儿童时期身体素质自然发展较薄弱的环节。根据儿童的生理心理特点,小学生一般不采用单调的、要求耐力较高的练习或要求长时间紧张用力、高度集中注意力的练习。对儿童进行耐力素质的练习,通常是采用游戏的形式,从有间歇的、中等强度的练习开始,然后逐步延长运动的持续时间,不能用单调而长时间的练习,或规定要达到某种运动成绩的指标来安排儿童的耐力素质训练,这一点要特别引起注意。

第三节 学龄儿童的心理特点

人的心理活动是一种高级神经活动,是脑的反射活动。要懂得儿童的心理特点,首先要了解高级神经活动的几个主要特征。

一、高级神经系统的主要活动方式

高级神经系统的主要活动就是反射。例如，强光出现在眼前就会眨眼，手碰到热的东西就会缩回等。反射可以分为两种：无条件反射和条件反射。无条件反射是先天性的本能，固定不变，例如新生儿刚出生就会哭，奶头放在嘴里就会吸吮，食物放在嘴里就会分泌唾液等。条件反射则是在生活中形成的，它随着机体的外界环境和内部状况的变化而变化，例如将婴儿抱成哺乳姿势，他就会寻找母亲的奶头并产生吸吮动作，但如果婴儿不是用母乳哺养而是用奶粉哺养的，就不会这样，而是看到奶瓶时才会产生张嘴和吸吮的动作。条件反射是在无条件反射的基础上建立起来的心理现象，这实际上就是无条件反射和条件反射的有机统一。

（一）第一信号系统与第二信号系统

条件反射形成后，条件刺激物就成了一种信号，上述例子提到婴儿看见奶瓶就会产生张嘴吸吮的动作，那么奶瓶就成为食物的信号。这种以直接作用于人的现实事物为条件刺激物而形成的暂时神经联系的系统，就叫作第一信号系统，这是人和动物所共有的。例如把柠檬放在儿童的嘴里，他会不自觉地产生唾液，这就是无条件反射。经过多次重复后，他只要看见柠檬，就会产生唾液，这就是条件反射。

上述条件反射和无条件反射，都属于第一信号系统。人还有一种独有的信号系统，叫第二信号系统。所谓第二信号系统，就是以词语作为刺激物而形成的暂时神经联系的系统。第二信号系统是在第一信号系统的基础上建立起来的。当儿童学会了语言、文字以后，他知道了"柠檬"二字是代表他所吃过的极酸的黄色果子时，只要别人一说这个词或自己看见这个词，他都会产生唾液，这也是一种条件反射，但这是人所特有的，属于第二信号系统的暂时神经联系。若儿童从来没有吃过柠檬，这种第二信号系统的联系是建立不起来的。人的两个信号系统是密不可分的。第二信号系统的活动经常得到第一信号系统的支持，而第一信号系统的活动又经常受到第二信号系统的调节。当学龄儿童开始学习时，语言起了重要作用，形成了许多第二信号系统的条件反射，第二信号系统的调节作用不断增强，但第一信号系统仍占优势地位，所以在这个年龄，教学的直观性仍具有重要意义。

（二）兴奋和抑制

兴奋和抑制是神经活动的两个基本过程，一切反射活动的进行都是由这两个基本过程的相互关系决定的。大脑皮层的某处产生了兴奋，身体上受该处支配的效应器官就进入活动状态，而在某处产生抑制时，身体上受该处支配的效应器官就会减弱或停止活动。兴奋和抑制虽然性质相反，但二者相互依存，每一个神经过程有时兴奋占优势，有时抑制占优势。就整个大脑皮质总的情况来说，清醒时兴奋占优势，睡眠时抑制占优势。没有兴奋，人就不能有所活动，所以兴奋的重要性是可想而知的。但抑制的重要性并不亚于兴奋，没有抑制，人就不能单独进行某种活动，也得不到休息。

根据巴甫洛夫学说，高等动物大脑皮质的基本神经过程有三个基本特点：强度、均衡性和灵活性。

所谓强度，是指皮质细胞的工作能力和这种能力的极限，即大脑皮质产生兴奋或抑制的强弱程度。均衡性是指大脑皮质兴奋和抑制过程的强度对比关系，如兴奋和抑制都强就是均衡的，一强一弱就是不均衡的。神经过程不均衡的动物一般都是具有较强的兴奋过程和较弱的抑制过程，只有少数是相反的。灵活性是指兴奋与抑制相互转变的难易程度，二者极易转变，说明灵活性高；若二者不易转变，则为不灵活或为惰性大。按照神经过程的这三个基本特征，可将动物神经类型分为以下四种（见图2-5）。

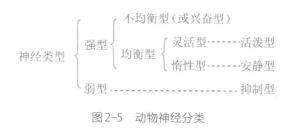

图2-5 动物神经分类

二、体育运动对神经系统的影响

人的神经活动特征是生来就有的，但从诞生的第一天起就受周围环境的影响。其所形成的各种条件反射、所受到的教育都会影响儿童神经类型的形成，尤其是进行一些体育活动、体育游戏，能使儿童的兴奋、抑制过程加强，提高其神经过程的均衡性和灵活性，使他们变得更灵敏、协调，显得聪明伶俐。所以，小学的体育活动有利于儿童形成良好的神经类型，促进德、智、体全面发展。

小学时期的儿童，神经系统有较高的兴奋性和灵活性，他们能比较快地形成新的条件反射，喜欢模仿动作，也能较快地掌握动作。但由于兴奋扩散，使一些不该参加工作的肌肉也参加进来，所以常常出现多余的动作，或动作显得不准确、不协调，这就要通过反复练习，巩固正确的动作，纠正错误的动作。随着年龄的增长，抑制过程逐渐得到发展，儿童就能较好地调节、控制自己的动作，所以到高年级就能较准确地完成一些较复杂的动作。

由于儿童神经过程较灵活，在进行体育活动时，身体各部分及内脏器官都能较快地动员起来，所以他们不需要很长时间的准备活动就能进入正式练习。但儿童处于发育时期，大脑皮质神经细胞的工作能力较低，容易产生疲劳，特别是那些单调的动作和单一的身体姿势很容易使他们疲劳，所以在小学上体育课时，必须注意使儿童的各组肌肉群轮流参加工作，在强度大的一组练习后，应该用讲解或变换动作速度的方法（如加速跑之后就应有一段慢走），使他们得到足够的休息。儿童新陈代谢旺盛，只要适当休息，很

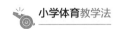

快就能恢复自己的工作能力，又能进行新的紧张的练习。总之，小学儿童的体育活动要多样化，要避免长时间做同一种姿势的动作，避免那些要求精神高度集中、要求高度体力紧张和耐力的练习，以及一些静力性的动作。

学龄儿童进入小学开始学习，他们对周围事物的感知觉仍以第一信号系统的活动占主导地位，对许多事物尚未形成一定的概念，所以，在低年级仍应多用直观教学，多做模仿性练习，讲解也应用简单易懂、形象化的语言进行。随着年龄的增长，儿童语言逐渐丰富，直观的思维也逐步过渡到抽象概念的思维，教学亦应相应地逐渐增加讲解与分析的比重，这样可培养孩子的思维能力。

三、学龄儿童心理与体育课教学

（一）学龄儿童心理特点

儿童在各个年龄段的心理成长特点各不相同。下面是小学各年级学生的心理特点。

1. 一年级学生的心理特点

一年级学生年龄小、好动、自制力较差，教学应尽可能有趣味性，宜以活动和游戏为主。教师在教学策略、设计教学流程时应注重自主、合作、探索的学习方式，让学生在有趣的活动和游戏中自主学习新知识，运用新知识。

2. 二年级学生的心理特点

二年级学生的脑功能发育处于"飞跃"发展的阶段，他们的大脑神经活动的兴奋性水平较高，表现为既爱说、又爱动。注意力不持久，一般只能保持20～30分钟。形象思维仍占主导，逻辑思维很不发达，很难理解抽象的概念。十分喜欢自主性的活动，而不是被动性的知识灌输。

3. 三年级学生的心理特点

学习时容易被新颖的内容所吸引，兴趣十分广泛，几乎任何游戏活动都喜欢。注意力不够集中，需要在课余进行一些补充教学。可以通过小游戏的形式为孩子查漏补缺，巩固知识点。

4. 四年级学生的心理特点

感知觉的无意性和情绪性比较明显。身体练习时容易被新颖的内容所吸引，经常忘记练习的主要目的。兴趣十分广泛，几乎各项体育活动都喜欢。感知动作的要领比较笼统，容易把相近的动作混淆起来，时间和空间感较差。注意力不够稳定，不易持久，有意注意虽有发展，但还很不完善。集中注意力的能力较好，交换练习的时间应控制在20分钟内。

无意记忆占相当优势，情感容易外露，爱争论问题，容易激动，动不动就提出批评意见，但仍愿意依靠教师，希望教师来做主。男女生之间开始出现界限，容易保持一定的距离，站队时的间距都比低年级大了，不愿意站得很近。自我评价意识开始形成，担心自己体育成绩不佳，担心自己在练习中影响集体。开始能分辨体育能力的高低及学习态度的好坏。愿意听表扬，要求教师采取公平态度，教师批评不当就不乐意。

5. 五年级学生的心理特点

感知觉属于少年阶段的特点，视觉和听觉的感受性已发展到一定水平，感知事物的目的性比童年阶段明确，感知事物的精确性也有所改善，因此，身体练习应相对提高难度和标准。

集中注意能力有所发展，集中注意力、专心致志的时间可达25分钟左右。注意分配能力也有提高，例如在注意腿的动作的同时，还能注意到手或脚的动作；在注意上下肢动作的同时，还能注意到重心的变换。有意记忆在不断发展，开始由教师布置任务的记忆过渡到自觉的记忆。

已从具体形象思维向抽象逻辑思维过渡，但仍然是同直接经验与感性经验相联系，具有很大成分的具体形象性，习惯于模仿实际动作。因此，需加强启发式教学，发展学生比较、分析及综合思维的能力。

更加注意性别界限。男女的性别特点明显地表露出来。集体意识显得强烈，与其他小组的对抗意识越来越强，喜欢与同学协作参加竞赛性的练习。愿意练习竞技运动中的一些基本动作，但仍十分喜欢游乐性、趣味性、活动性的游戏。

自我评价意识逐步得到发展，愿意摆理由讲道理，智力和体力相结合的能力得到发展，对教师的行为敢提出批评意见，对教师不公正的处理会有不满的表现。不愿违反规则，十分重视约定事项。

6. 六年级学生的心理特点

集中注意能力有所发展，集中注意力、专心致志的时间可达30分钟左右。

男女生均显露其各自的心理特点，出现相互反感的倾向。集体意识有发展，已不满足无规则要求的游乐性游戏，特别喜爱有一定规则的竞赛，愿做体力和智力相结合的游戏。已开始把体育活动作为抒发感情的途径。

自我评价意识逐步得到发展，十分尊重强者，确定朋友关系的倾向十分浓厚，愿意同水平相当者竞争，自尊心、自信心、好胜心强，但往往对自己的能力估计过高。

（二）学龄儿童体育课教学

要上好一堂体育课，使学生集中注意力是很重要的，由于儿童神经兴奋过程较强，抑制过程发展较差，往往不能长时间保持一定的优势兴奋中心，所以注意力是不稳定的，周围的任何刺激都会分散他们的注意力，影响学习效果。人的注意可分为无意注意和有意注意。无意注意是由于客观刺激物较强，感到新异或有突然的变化引起的，不需专门培养；而有意注意则要靠意志努力。小学阶段的儿童，特别是低年级小学生，他们的注意力以无意注意占优势。所以教师上课时必须保持环境的安静，排除那些分散儿童注意力的因素，而教师本身的行为则要充分引起学生的注意，如语言要形象，讲解要有声有色，语调要抑扬顿挫。当有嘈杂声时，不能单靠提高声调来吸引学生注意，有时放低声调或突然停止讲解，反而会引起学生注意。教师的示范动作要准确、优美，可利用一些直观教具、图表等，一方面可以加强教学的直观性，另一方面也可吸引学生的注意力。整堂课要组织得生动活泼，引起学生的兴趣，这样才能提高上课的效率。上体育课时必须经常进行组织纪律性教育，保持良好的课堂秩序，才能使学生的有意注意得到不断的发展。

好动是儿童的天性，小学生对体育活动都是比较感兴趣的。但随着年龄的增长，他们对体育活动的态度也有所变化。最初他们只是对运动过程本身感兴趣（即喜欢玩），而之后他们就逐渐对运动的结果感兴趣，即对他们在运动活动中所达到的目的感兴趣，喜欢进行竞赛，并努力在竞赛中争取胜利，或通过努力去达到某个目标，如争取通过锻炼标准或争取体育考试达到多少分等。所以，在小学体育教学中常采用一些游戏、竞赛的形式，借以提高学习的积极性，培养儿童勇敢、果断的品质和集体主义精神。获得竞赛的胜利又使他们感到无比的喜悦，更增加了他们对这些活动的兴趣，使体育活动取得更好的效果。教师必须注意掌握好运动量，特别是课上得较活跃，孩子们很感兴趣时，尽管运动量较大，但他们主观上并不感到疲劳，玩得越来越起劲，这点应特别引起教师的注意。若掌握不好度，只顾满足孩子们的兴趣，运动量过大，就会给健康带来危害。教师在安排课的内容时必须将活动与休息间隔开来，使孩子得到足够的休息，适当控制运动量。

课后作业

1. 体育教学中为什么要引导儿童注意加深呼吸？
2. 如何对儿童进行耐力素质的练习？
3. 无意注意和有意注意有什么区别？

第三章　小学体育课

　　小学体育的主要组织形式是体育课、课间操和课外体育活动，其中体育课是学校体育的基本组织形式。体育课是教师按照教学计划和体育教学大纲的要求，向学生传授体育知识、技术和技能，教会学生锻炼身体的方法，增强学生体质，对学生进行优良品质教育的教学过程。体育课是学校体育的基本组织形式，由如下特点所决定。

　　（1）体育课是教育部颁布的教学计划中规定的必修课程。体育课按照体育教学大纲和体育教学工作计划，系统地进行教学，从而使每节课的任务和内容与学期、年度的教学任务及内容紧密地联系起来，保证了体育教育目的任务的实现。

　　（2）体育课有固定的班级和课表。班级学生年龄、知识、技能比较接近，课表有一定的稳定性，这些都有利于教学的顺利进行。

　　（3）体育课有专职或兼职的体育教师进行教学和指导，有利于科学地组织体育课，不断提高课的质量。

　　（4）国家拨有专款，建设和添置体育场地器材，场地器材首先保证体育课使用。

　　所以，体育课比起学校体育的其他组织形式，能够得到更多的保证。上好体育课，对于搞好学校体育工作、实现学校体育教育的目的任务，具有重要的意义。

第一节　小学体育课的任务和特点

一、小学体育课的基本任务

　　第一，根据学生的年龄特点，有计划有组织地锻炼学生的身体，促进他们的生长发育和身体机能的发展，使学生培养正确姿势，全面提高身体素质和人体基本活动能力，提高对自然环境的适应能力，以收到增强体质的实效。

　　第二，使学生学习一些浅易的体育基础知识、基本技能和简单技术，初步懂得用科学的方法锻炼身体。

第三，结合体育教学特点，教育学生热爱党、热爱祖国，不断地提高他们锻炼身体的自觉性，逐渐养成锻炼身体的习惯。培养他们服从组织、遵守纪律、热爱集体、生动活泼、勇敢顽强、艰苦奋斗的精神。

小学体育课要全面实现三项基本任务，但对不同的教材内容、教学的不同阶段和不同对象可以有所侧重。如提高身体素质的教学要侧重于增强体质的效果；学习新内容时，要侧重于传授知识技能，学生初步掌握后，再逐步提高发展身体、增强体质的要求；对组织纪律较差的班级，可侧重于加强纪律教育，逐步提高对技术技能和增强体质的要求。但应该明确的是，小学体育的主要任务是全面锻炼学生的身体，使学生健康地发育成长。因此，应该使每一节体育课都具有增强体质的实效。

二、小学体育课的特点

体育与其他学科一样，都是师生的共同活动。教师要遵循认识事物的一般规律，有目的、有计划地向学生传授知识技能，发展学生的认识能力，进行政治思想教育和优良道德品质的培养。但是体育课与其他学科的课相比，还有其特殊性，其主要特点表现如下。

（一）体育课主要在室外进行

体育课主要是在室外进行，学生在教师的指导下参加实际锻炼。学生上体育课时，不是静坐在教室里听讲和读写，而是直接参与各种身体练习，并与思维活动紧密结合来掌握知识和技能，锻炼身体。体育教学过程不仅与其他学科一样，要遵循认识过程的一般规律，而且还要遵循动作技能形成的规律和人体生理机能活动变化的规律。

（二）体育课的主要任务是增强学生体质

其他课程教学的主要任务是使学生掌握一定的知识和技能。学习和掌握体育知识技能虽然也是体育教学的任务之一，但是更主要的是通过掌握和运用知识、技术和技能，有效地增强学生的体质，树立其终身锻炼的意识。为了达到增强体质的目的，要合理地安排运动量；要利用自然环境（日光、空气、水）进行锻炼；还要与卫生保健密切结合，对体育课进行医务监督，注意体育卫生和教学环境卫生，防止出现伤害事故等。

（三）体育课主要是分组进行

虽然体育课一般仍保持班级授课制，但是在多数情况下是分组进行教学的。学生的年龄、性别、健康状况、体育基础、体力等方面都可能存在一定差异，因此，体育课的组织管理工作比较复杂。在教学的过程中要特别注意组织工作和队形的排列、变化，骨干的培养使用，场地器材的安排，保护与帮助，区别对待，等等。既要排除外界的干扰，又要协调个人与集体的行动。这些都增加了体育课组织管理工作的难度。

（四）体育课能有针对性地对学生进行思想品德教育

体育课能够比较生动具体地向学生进行思想品德教育。体育课中思想教育的特点是针对性强、具体生动。由于学生经常处在活动的状态中，如游戏和竞赛，就要经常处理个人之间、集体之间、集体与个人之间的关系。因此，学生的思想、行为、个性、情绪都会得到充分表现，这就有利于教师有的放矢、有针对性地进行教育。教育是通过学生的具体活动进行的，教育效果也能及时地在具体活动中表现出来，所以教育的效果特别显著。

我们研究体育课与其他课的相同点和不同点，目的是既要学习借鉴其他学科的教学经验，又要结合体育的特点，更好地组织体育教学，以掌握体育教学的规律。

第二节　小学体育教学的原则和方法

一、小学体育教学的原则

体育教学原则是根据一般的教学原则，在长期的体育教学实践中积累起来的、带有普遍意义的经验概括和总结。它与一般教学原则相比较，是体育教学过程客观规律的反映。随着体育教学理论和实践的发展，教学原则不是一成不变的。

深刻理解和正确贯彻体育教学原则，对选择与安排教材内容、正确运用教学方法，以更好地完成体育教学的任务，具有重要的意义。

根据近些年来总结的我国体育教学经验，一般认为体育教学原则应包括：自觉积极性原则、直观性原则、从实际出发原则、循序渐进原则、巩固性原则、身体全面发展原则、合理安排运动负荷原则和集体教育原则。下面就这几项原则作一简要概述。

（一）自觉积极性原则

自觉性原则是指在体育教学过程中，要激起学生强烈的学习愿望，从而把认真完成学习任务变成自觉积极的行动。体育教学是教与学的双边活动，因此，只有教师的积极性、没有学生的积极性，是完不成教学任务的。贯彻自觉积极性原则的方法是要对学生晓之以理、动之以情、导之以行，从而提高体育教学的实效。

1. 晓之以理就是要向学生讲清道理

不自觉往往来自思想上的盲目性。所以，首先要使学生明白道理。要使学生认识身体好、学习好、工作好之间的辩证关系；认识健康的身体对富强祖国的意义；明确体育锻炼对人体的影响，加深对体育的认识。在教育过程中，大道理不能不讲，但不能只讲空洞的大道理。要根据学生的年龄特点，通过生动活泼、有说服力的事例，深入浅出、有趣味地讲解，使学生从感情上接受大道理。

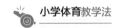

2. 动之以情就是要培养学生对体育的兴趣与爱好

兴趣与爱好是小学生参加体育活动的直接动机，对培养积极性和自觉性有重要的作用。小学低年级学生对游戏有特殊兴趣，他们十分喜欢带有一定情节的游戏。随着年龄的增长，他们对分组和对抗、竞赛性游戏表现了更大的兴趣。因此，小学生的体育教学内容应重视游戏教学，同时多用游戏的方法进行体育教学。教学中还可以通过生动有趣的讲解、正确优美的示范、多样化的教法和严密组织的课程激起学生的兴趣。此外，教师的表扬与鼓励、运动的舒适感、成绩进步的鼓舞等，都有助于提高学生锻炼的积极性和自觉性。

3. 导之以行就是教师要善于引导

要注意把学生对体育的认识和兴趣很好地结合起来，只有这样，积极性才能持久，自觉性才能提高。教师还要善于做学生的思想转化工作。有些学生对体育的参与由不自觉到自觉，往往是教师适时鼓励与引导的结果。如有的学生个子高或动作姿态美，又或者在某个项目上初露锋芒，即使他过去与运动无缘，但在教师的鼓励引导下，也很可能成为体育爱好者。此外，对学生的要求和引导方法要适当，要有耐心，要从学生的实际出发，如教材的难度、运动量的大小、测验标准的高低都要与学生的水平相适应。学生在克服困难中得到乐趣，也提高了兴趣。要求过高或过低、运动量过大或过小、态度简单粗暴，都会挫伤学生的积极性。

（二）直观性原则

所谓直观性原则，就是在教学过程中，利用学生的感官（如视觉、听觉、触觉等）和经验，使学生对动作获得鲜明的印象，并在此基础上，通过讲解分析使学生掌握动作的要领和方法。直观性原则是以人的认识规律为依据的，任何知识都来源于人体感官对客观外界的感觉，人的认识也总是由具体到抽象、由感性到理性。小学生更是如此，他们的认识首先是从具体、感性的直观开始的，对复杂的语言不易领会，但对动作的模仿能力却很强。因此，掌握和贯彻直观性原则对于小学生的体育教学具有重要的意义。

体育教学中的直观有两种方式：一种是直接直观，另一种是间接直观。直接直观就是教师（或动作做得好的学生）的示范，或利用直观教具（如挂图、模型等）讲解演示。间接直观就是利用形象的语言讲述。两种直观在教学中都是必要的，间接直观往往是直接直观的辅助。在贯彻直观性原则时要注意以下两点。

第一，示范动作是最生动、最具体的直观方式，它能使学生直接感知动作的全貌，激起学生模仿的愿望。语言是示范动作必不可少的补充，体育教学中应该很好地运用讲解与示范。教师要提高业务水平，把示范动作做好，提高语言艺术。

第二，要运用多种感觉器官，使学生更好地感知事物。要让学生耳朵听、眼睛看、脑子想、肌肉感觉，以提高直观的效果。要将直观与思维很好地结合。直观只是被感知，只有通过思维（比较、分析、综合、概括、抽象）的过程才能被理解。两者结合才能掌握动作的内在联系和规律，加速掌握动作的过程。所以教学中要启发学生积极思考，要求学生手脑并用。

（三）从实际出发原则

从实际出发原则是指体育课的内容、难度、运动量以及所采用的教学方法等，都应该是学生可以接受的，也就是要符合儿童的年龄特点、体育基础等实际情况。此外还应该从学校场地器材的实际情况和气候特点出发。只有考虑到这些，才能把设想与现实、需要与可能很好地结合起来，取得预期的教学效果。贯彻这一原则时应该注意以下几点。

1. 深入进行调查研究

通过多种渠道，如向班主任、体育干部了解情况，进行课堂观察、体检、测验等，了解学生对体育的认识、健康状况、体育基础、兴趣爱好、思想作风、学习成绩和一些特殊情况（如病残、隐疾等），并整理出一定数据，通过分析研究弄清情况，以此作为教学的依据。

2. 一般要求与区别对待相结合

按照统计学常态分布的特点，一个班的学生的水平，在中间的占大多数，好的与差的只是少数。因此，体育教学应以中间水平的大多数学生为基础，同时也要区别对待。如安排运动量时，要让好的学生感到满足，差的学生也不感到过分疲劳；对于体弱病残学生，要组织他们进行力所能及的活动，使各类学生都能获得锻炼身体的实际效果。

3. 从实际出发，既不能满足现状，也不能迁就落后

要发挥教师的主导作用，调动学生的积极性。教师要克服场地器材等困难，积极创造教学条件。对学生的要求应该是学生经过努力才能达到的。

（四）循序渐进原则

循序渐进原则是指体育教学的内容、方法和运动量等的安排顺序都要遵循由易到难、由简到繁、由小到大逐步提高的原则。学习技术和技能要按照认识的规律和动作技能形成的规律，使学生逐步掌握技术并形成熟练技巧。锻炼身体也要遵循人体生理机能活动能力变化的规律，使运动量由小到大，运用"适应—提高—再适应—再提高"的方法逐步加大运动量。若违背这一原则，就会给学习造成困难，甚至损害学生的身体健康。贯彻这一原则时要注意以下几点。

第一，加强教学工作的计划性，安排好教学内容纵与横的关系。如通过单元计划，系统地安排各项内容的教学顺序。教材的系统性不仅反映在动作的难度上，也表现在素质上。在教学过程中，要注意课与课之间、学期与学期之间，甚至各项教材之间的相互关系，使各教材相互配合、衔接紧密。

第二，决定运动量大小的主要因素是强度、密度、时间和数量（如次数、距离、重量等）。因此，运动量的由小到大就是以上这些内容的循序渐进。运动量的大小应有具体数据，这就需要调查、实验并做好记录，以便加以比较和分析，真正做到运动量的循序

渐进。

第三，难与易是相对的，如"劈叉""下桥"对高年级学生较难，但对低年级学生却比较容易。教师教学得法，学生积极练习，难的动作也可能变得容易。所以还要从学生的实际情况出发，充分利用有利因素，加快学习进度。

（五）巩固性原则

巩固性原则就是要使学生牢固地掌握所学的体育知识、技术和技能，并使其长期保留在记忆中，使大脑皮层建立巩固的动力定型。巩固可以为学习新的知识和技能打下基础。巩固技能的过程也是锻炼身体、增强体质的过程。

各种体育动作都是"随意动作"，它的生理基础是大脑皮层与有关神经系统的暂时联系。如果经常反复练习巩固，就可以使暂时联系变为稳定的条件反射。如果不巩固，知识就会遗忘，条件反射就会消退，学习就会徒劳无功。所以，学习与巩固具有同样重要的意义。贯彻这一原则时要注意以下几点。

1. 要巩固正确的知识和技能

实践证明，改正错误的动作比学习新的动作要困难得多。所以，要使学生明确正确动作的概念、要领和方法，及时纠正学生的错误动作，使学生掌握和巩固正确的知识和技能。

2. 反复练习是巩固的重要手段

体育课组织学生反复练习，不仅是巩固知识技能的需要，也是锻炼身体的需要。身体素质是学习和掌握技术、技能的基础，所以在巩固的过程中，要相应地发展学生的身体素质。但是反复并不是简单重复，要向学生讲清练习的意义、变化练习的条件、提高练习的要求和培养重复练习的兴趣。当学生认识到知识技能的作用，并对其感兴趣时，就会自觉反复地练习。

3. 考核是巩固知识技能的良好时机

在考核前安排一定的时间复习，使学生对考核进行积极认真的准备，能收到良好的巩固效果。

4. 巩固的最好方法是运用已学的知识和技能

游戏和竞赛能使学生在自然有趣、复杂多变的条件下运用已有的知识技能。因此，在学生能比较正确地掌握知识技能的情况下，应广泛运用游戏和竞赛的手段进行复习巩固。

（六）身体全面发展原则

身体全面发展原则是体育教学中特有的，它是指在体育教学过程中，教材内容的选择与安排、组织教法的运用，应尽量使学生身体的各个部位、各器官系统的机能、各种基本活动能力和身体素质都得到全面协调的发展。因为人体是在大脑皮层的统一调节下，各个部位、各种机能、各种能力相互联系、相互制约的有机体。任一局部的落后都会影响其他器官的发展和人体机能的水平，任一局部器官功能的改善与提高也必然影响其他器官功能的发展。因此，处理不当就可能造成人体发展的畸形，损害学生的健康。特别是儿童，正处在生长发育期，可塑性很大，更要注意全面发展他们的身体。这对于儿童增强体质，提高运动水平，都是十分必要的。贯彻全面发展原则应该注意以下几点。

1. 要认识身体全面发展的重要意义

教师要全面贯彻体育教学大纲，因为大纲教材的选择、课时比重的分配都是从增强体质（包括身体的全面发展）出发而确定的，一般不应随意取舍。学生要摆脱单纯的兴趣偏好，自觉积极地进行全面锻炼。

2. 编写教案和考核项目要合理安排

教师在制订学期、学年教学工作计划和编写教案时，要合理安排教材，避免性质相同的练习过于集中，以保证学生得到全面均衡的锻炼。考核项目对于引导和促进学生全面锻炼的作用很大，所以也要全面均衡地安排，而且应在开学初公布。

3. 基本体操是贯彻全面发展原则的有效手段

在体育教学中，基本体操往往不受重视。但是它锻炼身体全面、内容丰富、简单易行、动作连续密度大，对于学生培养正确的姿势、加强身体全面锻炼有很大的作用。因此，教师不仅要在课程的准备部分组织学生认真做操，有些动作也可以在基本部分进行学习和锻炼。

（七）合理安排运动负荷原则

合理安排运动负荷原则是体育教学中特有的一条原则，它是指在练习中要根据增强体质的要求，结合教学任务、教材特点、学生实际情况与教学条件，给予学生适度的生理负荷，做到既能增强体质，又有利于全面完成教学任务。贯彻合理安排运动负荷原则时应注意以下两点。

第一，要正确处理运动负荷的表面数据与内部数据的关系（直接作用于有机体的运动负荷称为运动负荷的表面数据，由此而引起身体内部生理、生化和其他机能变化所测得的数据称为运动负荷的内部数据）。表面数据与内部数据一般来说是相适应的，即表面数据越大，机体内部所引起的变化越大；表面数据越小，则内部的变化越小。但是，在某种情况下两者也会是不一致的。由于学生个体能力的差异，表面数据相同的运动负荷，也会引起内部不同的机能变化。所以，在教学中不能固定不变地仅以某些表面数据来衡量运动负荷的大小，还要根据运动负荷的内部数据，即机体对运动负荷的反应来衡量。这就要通过课堂观察、学生自我感觉以及医务监督等来判断运动负荷是否合适。因为在普通小学，运动负荷的内部数据不易在课堂上测定，所以应特别重视小学生的身体检查，并把检查的结果加以分析、研究，作为体育教学的依据。

第二，关于如何掌握适度的运动负荷的问题，是尚待研究的重要课题。首先应明确的是这没有一个绝对的指标。因为运动负荷和强度的大小，不仅与各个年龄组的生长发

育特征有关，还与各个不同的人体特征、营养状况、当天的体力负担和作息制度以及当时的精神状态都有关系。因此，企图用一个简单的公式或者数据作为运动负荷的不变指标是不够科学的。但是，任何事物都有它的一般规律，根据对现有科学材料的研究，通常使用的运动负荷公式有以下两种，可供教学中参考。

第一种：180−锻炼者的年龄数=锻炼者适宜运动量每分钟平均脉搏数

第二种：（接近极限脉搏次数−安静时脉搏次数）×70%+安静时脉搏次数=适宜运动负荷（接近极限脉搏次数一般为200次/分）

（八）集体教育原则

集体教育原则是指在体育教学中要充分发挥集体的作用，在集体，特别是小群体的自主性活动中，对学生进行集体教育，培养学生正确的集体意识和良好的集体行为。

1. 分析、研究和挖掘体育活动和体育学习中的集体要素

体育活动和体育学习中的集体要素很丰富，如集体要素中的"共同的目标""团队的意识""领导核心""职责的分担""规则的建立""共同的活动""共同的活动场"都存在，而且都有充分的体现。体育教师应该加强对这些因素的关注和研究，把这些要素有目的、有意识地应用到学生的集体活动和体育学习中，为学生的集体意识和集体行为的培养打下基础。

2. 善于设立集体学习场景

集体学习场景的设立主要依据两个前提条件，一是共同学习的课题，二是共同学习的平台。共同学习的课题和每个学生有关，它可能是一个需要解答的难题，可能是一个关键的技术和战术学习，也可能是一个需要毅力和智力的练习课题，又或者是一场关系到小群体荣誉的比赛等。这些课题的提出是凝聚学生集体意识并推动集体行为产生的关键因素。共同学习的平台就是小群体的组织构成和组织形式。它不单是一个简单的分组，也不是几个人一起的简单行为，它是建立在"共同的目标""团队的意识""领导核心""职责的分担""规则的建立""共同的活动""共同的活动场"等集体要素基础上的实体。共同学习的平台，是学生集体意识和集体行为培养的载体和依托。

3. 开发有助于集体学习的教学技术和手段

体育教学要在集体活动中贯彻集体教育的原则，还必须有集体教育的技术和手段支撑。目前在国内的体育教学中，已经开发出许多有助于学生在集体内交流的教学技术和手段，如形成团队凝聚力的方法、集体讨论的形式、组内互动的媒介学习卡片的开发和运用等。这些特殊的教学技术和手段，为在体育教学中贯彻集体教育原则提供了技术上的保证。

4. 处理好集体教育和个性发展之间的关系

体育教学既要在集体活动中贯彻集体教育的原则，又要注意发挥学生的个性。学生的个性发展和集体教育本是相辅相成的。良好的个性体现应是在集体的道德共识和集体

的行为规范内的个体创新，而集体也应是包含了各种被允许的个人思想和行动自由的群体集合。不能一谈集体教育，就否定那些合理的、个性化的思想和行为，更不能一谈个性发展，就纵容那些有悖于集体利益的不合理思想和行为的存在。要把集体教育和个性发展有机地结合在集体的活动和学习中。

二、小学体育教学的方法

体育教学方法比较侧重于一般的传授体育知识、技能，教会学生做动作的方法。为了使学生较快地掌握动作，应该根据动作技能形成的一般规律，即动作技能形成的三个阶段及其动作表现，采取相应的教法措施。具体内容见表3-1。

表3-1 动作技能形成的过程

动作阶段	大脑皮层的神经联系	动作表现	教法注意
粗略地掌握动作阶段	处于泛化阶段（兴奋过程扩散，内抑制弱）	紧张、不协调、缺乏控制力、伴随多余的动作	正确示范、讲清要领，培养学生的积极思维，建立完整正确的动作概念
改进提高动作阶段	处于分化阶段（兴奋过程相对集中，内抑制发展巩固，建立了动作的动力定型）	紧张消除、比较协调、控制力提高、多余动作减少。但不够巩固、不够熟练	①加深动作的理解，掌握动作的内在联系。纠正产生的错误，逐步掌握动作的细节②选择适当的教法（往往采用完整法、重复练习法）。区别对待，对不同的学生提出不同的要求
巩固与动作运用自如阶段	处于自动化阶段（兴奋过程高度集中，内抑制很牢固，接通机制稳定，形成了巩固的动力定型）	轻松省力、熟练准确、能运用自如	①不断提高动作的质量和要求，特别是动作的正确、完整和连贯②进一步纠正错误，改进细节。采用以完整法为主的重复练习法，改变练习的条件，如通过竞赛巩固动力定型，提高身体素质

表中三个阶段是有机联系的，各个阶段之间也没有严格的界线。由于学生的基础、教师的水平、教材的特点不同，各个阶段需要的时间也不一样。在教学中，教师应根据客观规律，发挥主观能动作用，提高教学艺术，适时采取适当的方法，促进各个阶段的转化，加速动作技能的形成。

在体育教学中，经常采用的方法有以下几种。

（一）讲解与示范法

1. 讲解法

讲解法是教师运用语言向学生传授体育知识、讲解教材、组织教学、指导练习和进行思想教育的方法。它对于组织动员学生上好体育课，启发学生积极思维，使学生加深对教材的理解，培养优良的道德品质和意志，以更好地完成体育教学的任务，具有重要的意义。讲解时要做到以下几点。

（1）讲解要少而精。精讲就是要讲清教材的重点、难点。语言要精练，讲解要适时。可讲、可不讲的就不讲，需要个别讲的就不要集体讲。讲解的内容和措辞要在备课时考虑好，不要临时现想现讲，要以最短的时间达到最大的效果。

（2）讲解要通俗易懂，说话要有趣味性和启发性。要在学生已有知识和经验的基础上，来确定讲的深度、广度和讲解的方法。小学生不喜欢听教师长时间的讲解，给低年级学生讲解教材时，不宜用很多术语、名词。讲解时口齿要清晰，意思要明确，语言要形象生动。如教学生做前滚翻时，教师可以讲："要把身体团得紧紧的，像大皮球一样滚过去。"对高年级学生，就可以进一步启发他们积极思考，如"把皮球和砖块同时滚出，显然皮球滚得快"，这样就能启发学生通过比较分析，掌握滚翻要团身的要领。

（3）要正确运用口令和指示。口令和指示是在教学中指挥学生活动的重要方法，也是一种最简洁的讲解。如在调动队伍和队列练习、做体操，以及为做某些较复杂的动作提示要领（如"抬头""挺胸""展髋""推手"等）时，都要适当地运用口令和指示。口令要清晰、洪亮，指示要及时、确切。

（4）讲解要注意教育的效果。因为讲解是向学生进行教育的手段，所以要注意讲解的思想性。在说明课程任务、讲解教材、运用表扬与批评等方面，都要考虑教育的因素，要实事求是，不夸大其词。

2. 示范法

示范法是体育教学中最生动的直观方式和最常用的教学方法。它是通过教师（或指定的学生）的正确动作，使学生了解所要学习的动作形象、结构、要领和方法。由于儿童形象思维能力较强，善于模仿，因此，示范方法有着重要的意义。

（1）示范的动作要力求正确、优美。正确、优美、轻松的示范，不仅能使学生建立正确的动作概念，激发学习愿望，还能增强学习的信心。

（2）示范时要善于选择位置和方向，要把动作的关键部分突出表现出来，使学生都能看到完整的动作并留下深刻的印象。示范有正面示范、背面示范和侧面示范三种。

正面示范有正面与镜面两种。正面示范是指示范者面向学生做示范动作。镜面示范是示范者面向学生做方向相反的动作。镜面示范能比较清楚地显示动作的左右部位，用于简单或熟悉的动作。这种示范方法便于教师观察和学生模仿，所以在教学中广泛采用。

背面示范是指示范者背向学生做示范动作，主要用于方向路线变化比较复杂的动作。

侧面示范是示范者侧对学生来做示范动作,主要用于显示动作的前后部位,如跑、跳、投掷等。

教师要根据学生站的位置、动作结构、教学的需要和安全的要求,选择示范的位置和方向。

(3)示范的方法一般是先用正常的速度示范一次,然后结合讲解,用较慢的速度或突出教材的关键部分再示范一次。有些较难的动作可以分为几个部分示范,有的动作还可以用停止不动的定型姿势示范。除非必要,最好不做错误动作的示范,更不要模仿某个学生做的难看的姿势,以免伤害学生的自尊心。示范应该是有目的的,示范前要告诉学生该看什么、注意什么,要根据需要适当增加或减少示范的次数。

讲解与示范要很好地结合。一般新教材的学习都是先示范后讲解,或者边讲解边示范,如武术、基本体操等。复习时往往是先讲解,再根据需要进行示范。有时也可以让学生示范,教师在旁讲解。讲解时可以补充示范不易表示的内容,如动作的细节、肌肉的感觉等。示范也可以补充讲解的不足。对小学生还可以用讲解、示范、模仿三者结合的方法进行教学。

(二)完整与分解法

1. 完整法

完整法就是从动作开始到结束,连续不间断地教。它是在动作比较简单时,或者动作虽然比较复杂,但是分解就会破坏动作结构时而采用的方法。它的优点是便于学生完整、正确地掌握动作,缺点是学生不能很快地掌握动作的难点。

(1)简单的动作可在教师讲解示范后就让学生完整地进行练习。复杂的动作可以突出重点,先让学生掌握技术的基础部分,再逐步掌握动作的细节。

(2)降低强度和难度,如减少跑的距离、降低横杆的高度、减轻投掷物的重量等,以利于完整练习。

(3)采用诱导练习法,即在不改变动作结构的条件下,选择与所学动作相似而做起来比较简单的动作,通过练习使学生逐步体会动作要领,然后再逐步提高要求,最后掌握完整动作。如学习分腿腾越(山羊)就可以通过以下过程来学习:俯撑成分腿撑(推手)—跳背—分腿腾越(山羊)。

2. 分解法

分解法就是把复杂的动作分成几个合适的部分,分别进行学习,最后使学生掌握完整动作。它是在动作比较复杂,用完整法教学有一定困难,而动作又便于分解的情况下采用的,或在某部分需要重点学习时采用。

分解法的优点是可以降低动作的难度,突出教材的重点、难点,增强学生学习的信心,从而加速掌握动作的过程。它的缺点是如果运用不当,可能使动作割裂,影响正确技能的形成。因此,一般不单独采用分解法,往往都是将分解法与完整法结合起来进行教学。所以在采用分解法教学时，应考虑分解动作与完整动作之间的有机联系，要使学生清楚地知道分解练习所要达到的目的，以加强完成练习的主动性，避免因分解而产生反面效果。分解动作的合理性主要表现在分解动作与完整动作在形式、要领、能力上的一致性。分解动作练习的时间不宜过长，否则就可能破坏动作的结构和节奏。因此，要善于掌握分解动作练习的时机，并适时结合完整法。

（三）重复练习法

重复练习法通常是指在不改变动作的结构和条件（如距离、速度、重量等）的情况下，按完成动作的基本要求进行反复练习的方法。例如在一定的高度上用同一姿势跳高。这种方法主要用来学习改进技术、提高身体素质。重复的次数应根据教学的需要和合理安排运动负荷原则来确定。

（四）条件练习法

条件练习法是在教学中，为了掌握某一动作而设置一定的条件，并把动作限制在正确的要求上，使学生按此条件练习，从而能比较自然地完成动作的方法。如要求学生跑直，就可以在地上画一条直线，让学生沿着地面的直线跑。这种练习方法，只要教师说明要求，学生就能够独立练习、自我纠正，也容易引起学生的兴趣。这样他们就会积极主动地练习，教学效果显著。

（五）循环练习法

循环练习法是教师根据教学的需求，选择若干练习，分设若干作业点，使学生按规定的数量和顺序循环进行练习。这种方法是在学生十分感兴趣的情况下，通过全面、多样、交替、连续的练习，提高练习的密度，使人体承受较大的负荷量，全面提高身体素质，提高心肺功能。循环练习的内容一般是简单易行、能全面锻炼身体的练习，安排的顺序应使不同性质的、提高身体不同部位能力的练习交替进行，运动量由小到大。循环练习的形式主要有流水循环和轮换循环两种。流水循环的特点是项目多、时间长、连续进行，因而运动量大，能发展一般耐力。轮换循环的特点是项目少、时间短、有间歇，能发展力量和耐力。循环练习是锻炼身体，提高身体素质，提高人体内脏功能的有效练习方法。但是，这种方法对于教会学生某些个别技术性的动作有一定的局限性。在小学低年级，安排的循环练习项目不宜太多，心血管疾病患者不应参加此种练习。

（六）预防与纠正错误法

在体育教学中，由于多种原因，学生难免会出现各种错误动作，如果不及时纠正，就会形成错误的动力定型，因此必须及时纠正，防患于未然。要防止和纠正错误，首先要分析错误产生的原因，然后采取相应的预防和纠正措施。

1. 学生做动作时产生错误的主要原因

（1）学习目的不明确，学习态度不够认真，注意力不集中，或者因怕苦、怕累、怕脏而敷衍了事。

（2）动作概念不清、要领不明确；受旧的习惯动作干扰；教材过难，不符合学生的程度；教法运用不当；等等。

（3）基本技术、基本活动能力和身体素质太差。

（4）对某些有一定危险性的练习有恐惧心理；或反射性的自我保护，如不必要的低头收腹等。

2. 预防和纠正错误可以采取的措施

（1）加强教育，端正态度，培养兴趣，提高自觉性。

（2）加强备课，提高讲解与示范的质量，运用合理的教法，使学生建立正确的动作概念。还要预先对练习中可能产生的错误采取预防或纠正措施。

（3）加强基本训练，并采用有效的教法措施，如诱导性、辅助性、转移性和条件练习。诱导性和辅助性练习可以帮助学生逐步掌握动作要领，条件练习可以有针对性地纠正错误。

（4）加强保护与帮助，使学生消除练习中的恐惧，增强完成练习的信心，能有效地避免和消除错误。

教师在纠正学生错误时，要善于抓住主要矛盾。克服了主要错误，往往可以同时克服其他错误。不要同时要求学生克服多个错误，以免其精力分散，顾此失彼。教师在纠正学生错误时，要耐心细致、循循善诱，还要调动学生改正错误的积极性，不要急躁粗暴，更不可冷嘲热讽。为了更好地纠正错误，教师要有较高的业务水平，注意观察，善于分析，以便及时发现错误，对症下药，有的放矢。

（七）游戏与比赛法

丰富多彩的体育游戏，既是小学体育的内容，又是体育的方法。游戏可以促进儿童身心发展。许多分队的游戏具有竞赛性，让学生重复练习一些动作往往会使他们感到枯燥、乏味，如果组织他们分队比赛，不仅会提高他们的积极性，而且在变换的条件下运用各种动作可以发挥他们的主动性和创造性。因此，游戏与比赛对于巩固熟练已掌握的技术和技能，发展智力与体力，提高兴趣，以及进行思想教育都是十分有利的，应该充分利用这种方法。

第三节　小学体育课的类型和结构

一、小学体育课的类型

小学体育课的基本形式是综合课。综合课的特点是在一次课中，安排两个以上不同性质的教材。教材的内容既有学习新知识，又有复习旧知识，既要教会学生一定的知识和技能，又要全面锻炼学生的身体。因为这种课符合小学生的年龄特点，有利于贯彻小学体育教学大纲，所以是当前运用最普遍的一种形式。课的类型的划分是根据小学体育课的特点和所要完成的教学任务而定的，因此，小学体育课可以分为新授课、复习课、考核课、引导课、室内课等多种类型。但是在小学实际教学中，是没有单纯的新授课、复习课、考核课的，这里讲的是以新授、复习或考核为主的课。我们研究课的类型的目的是摸索不同类型的课的教学规律，以便更好地完成教学任务。现将各种类型课的任务和注意事项分述如下。

（一）新授课

新授课使学生迅速而正确地掌握新知识。教师的主要任务有以下几点。

第一，正确运用示范和讲解，帮助学生建立正确完整的动作概念。

第二，采取有效的教学步骤，使学生由易到难、循序渐进地掌握动作。

第三，抓住重点，突破难点，以点带面，使学生逐步掌握完整的技术。

第四，把掌握动作与提高身体素质紧密地结合起来。因为身体素质不好往往是不能掌握动作的重要原因。

（二）复习课

复习课是为了巩固所学知识与技能。教师应该注意以下几点。

第一，要根据学生对教材掌握的情况，提出适当的任务和要求，并采取相应的改进、提高措施。

第二，要合理安排课的密度与运动量，把改进技术与增强体质很好地结合起来。

第三，复习不是简单地重复，要提高要求、改变条件、变换方法，以提高学生练习的兴趣。

第四，要根据学生的不同情况和掌握动作的水平区别对待，有针对性地帮助学生提高动作的水平。

（三）考核课

考核课一般是在某项学习内容结束后，根据教学进度的安排，结合季节特点进行的。考核的目的是检查学生的成绩，包括完成动作的质量——技术评定和数量——达标。教师要注意以下几点。

第一，要向学生进行考核目的性的教育，使其提高认知、端正态度，鼓励学生争取优异的成绩。

第二，加强课的组织。考核中，由于教师往往把精力主要集中在考核项目上，容易使课的组织松懈，影响课的质量。所以要合理安排教材，教师要全面照顾，学生干部要发挥助手作用，使考核课与其他类型的课一样，既达到考核的目的，又能全面完成课的任务。

第三，做好准备活动，注意安全。考核时一般要求较高，运动强度较大，应做好充分的思想和身体准备，防止伤害事故发生。

此外，学生为准备考核集中精力、积极锻炼是进行教学训练的有利时机，要充分利用。要全面合理地安排考核项目，引导与促进学生经常而全面地进行锻炼。

（四）引导课

引导课是在新学期开始时，教师在总结上一学期体育教学工作的基础上，向学生讲述本学期的教学任务、内容、要求和考核项目标准，以及本学期学校将实施的体育保健措施，如体检、运动会等。对新入学的学生，还要向他们介绍本校体育活动的情况和优良传统。引导课对于增强学生对体育的认识，激发学生上好体育课和参加体育活动的积极性有极好的效果。

小学生的引导课不宜花整节课的时间进行讲述，可以结合引导课讲的内容进行课的组织工作，如编队、分组和做些简单的室内外游戏。

（五）室内课

对于有时气候条件恶劣，而室内又缺乏运动场地的学校来说，室内课是需要经常采用的一种形式。目前，有些学校遇到下雨就把体育课改为自习课，这是不妥当的，应当充分地运用体育课的时间，完成体育课的任务。室内体育课可分为以下两种形式。

第一，体育基本知识课。主要任务是提高学生对体育的认知，使学生懂得锻炼身体的科学道理和方法。虽然这一部分课时不多，但教师要认真备课，要做到理论联系实际，通俗易懂，深入浅出，生动有趣。这部分内容是完成体育教学任务所不可缺少的，要有计划地进行，不能随意取消和减少。可以充分利用雨天进行，以争取多在室外上体育实践课。

第二，室内练习课。因雨天而不能在室外上体育课时，除了要用一定的时间讲授体育基础知识外，主要应利用上课的教室或备用教室、场馆、饭厅等，组织学生进行身体锻炼。要充分利用空地组织学生进行各种练习，或者做有锻炼价值的室内游戏。在室内上身体练习课时，应注意室内的卫生，打开窗户。所选择的教学内容，应尽可能不影响其他班上课，更不能损坏教室内的设施。

二、小学体育课的结构

体育课的结构是指将一堂课分为几个部分，各个部分的时间分配以及教学进行的顺序。实践证明，人体从安静状态进入工作状态，都要经过工作能力上升阶段、工作能力保持最高水平的稳定阶段以及工作能力下降阶段。根据"上升—稳定—下降"的规律，结合体育课的任务，把体育课相应地划分为准备部分、基本部分和结束部分。体育课各部分与人体工作能力水平变化的关系如图3-1所示。

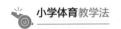

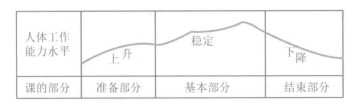

图3-1 体育课与人体工作能力水平变化关系

体育课三个部分的结构是由人体生理机能活动变化的规律所决定的。而体育课各部分的具体内容和时间的分配，则应根据课的任务、教学内容的特点、学生的实际情况和场地器材的状况灵活地安排。

小学生的体育课，特别是小学低年级学生的组织教学，需要较多的时间。因此，实践中常常把准备部分再划分为开始部分和准备部分，运用四个部分的结构进行教学。但是，不论是三个部分结构还是四个部分结构，其基本精神是一致的。

现将四个部分的任务和各部分的具体内容分述如下。

（一）开始部分（占全课总时间的5%左右）

任务：迅速将学生组织起来，使其集中注意力，调动学习的积极性，精神振奋。

内容：整队、点名、宣布课的任务和要求、检查衣着、安排见习生活动，队列队形和集中注意力练习（如锻炼学生听力、观察力、反应速度的练习）。

（二）准备部分（占全课总时间的20%左右）

任务：提高大脑皮层的兴奋性，克服生理上的惰性，使身体各器官系统迅速进入工作状态。锻炼各主要肌肉群、关节、韧带，提高动作的灵巧性、协调性，培养正确姿势，促进身体的全面发展，在生理和心理上为基本部分做好充分的准备。

内容：有一般发展和准备练习与专门准备练习两类。一般发展和准备练习是为了促进身体的全面发展，内容有基本体操、走和跑、武术、表情歌舞以及活动量不大的游戏等。专门准备练习是与基本部分的主要内容相联系，为基本部分服务的专门练习。

（三）基本部分（占全课总时间的60%～70%）

任务：使大脑皮层保持最适宜的兴奋性。学习新知识，复习已学过的主要知识。通过主要内容的学习和复习，锻炼学生的身体，培养其优良的道德品质。

内容：大纲中规定的各项基本内容（走和跑、跳跃、投掷、基本体操、技巧、低单杠、支撑跳跃、游戏、武术等）和选用内容（球类、民间体育项目等）。

（四）结束部分（占全课总时间的10%左右）

任务：降低大脑皮层的兴奋性，放松肌肉，使学生逐渐恢复到相对安静的状态，有组织地结束课。

内容：按照基本部分内容最后的运动状况，适当选择降低运动量和放松肌肉的练习。一般选择一些轻松自然的走步、放松的体操和舞蹈、比较安静的游戏等。同时要对本课进行小结，布置课外作业，送还器材，并预告下次课的内容。

体育课的结构不是一成不变的，要根据课的任务、教学内容要求，以及天气、场地等条件决定采用几个部分和各个部分之间的比例关系。同时，体育课的各个部分是一个既有区别，又有密切联系的完整过程。上一个部分是下一个部分的准备，下一个部分又是上一个部分的自然延续。各个部分虽然有自己独立的任务，但又互相配合，共同完成体育课的任务。开始部分为一堂课的顺利进行提供了良好的条件。准备部分的效果直接关系到基本部分任务的完成，它对于做好身体准备、全面锻炼身体、掌握运动技能、防止出现伤害事故都有重要的作用。基本部分是一堂课中人体工作能力的最佳状态，是完成教学任务的关键部分，必须合理安排，充分运用。结束部分是为了使身体恢复到相对安静的状态，消除疲劳，有条不紊地结束教学，是基本部分的自然延续。因此，正确运用课程的结构，对提高课程的质量具有重要的意义。

第四节　小学体育课的组织形式

体育课的基本组织形式是班级授课制，根据体育课的特点，一般采用分组教学。分组教学主要是在课的基本部分，将全班学生分成若干小组，在教师的统一领导和各组的密切配合下，进行教学活动。

分组教学是根据学生的性别、年龄、体质、健康状况的不同情况，提出不同的要求，便于教师结合学生的实际情况分别对待，有利于调整课的密度；可以避免由于器械少，学生等待的时间长，或因长时间做一项单调的活动产生身体的局部疲劳，分散注意力；可以保证学生的身体得到全面锻炼；有利于培养学生的自觉性和培养体育骨干。

分组的方法很多，比较好的分组方法是先按学生的性别分组（小学三年级以上），然后根据学生的体质（身体发育、基本活动能力和身体素质等），参考体育的基础，按强、中、弱分成不同组别。各组学生要相对稳定，但可以根据教师对学生的进一步了解和学生情况的不断变化，及时进行必要的调整。分好组以后，重要的是要选择组织工作能力强、表现好，并有一定体育基础的学生担任小组长。

分组教学的形式有分组不轮换、分组轮换、分组轮换和分组不轮换相结合三种。

一、分组不轮换

分组不轮换是把学生分成若干组，在教师的指导下，科学地安排课的顺序，各组同时学习一项内容，学完后，各组再同时学习另一项内容。这种形式的优点是教师能充分发挥主导作用，全面照顾学生，能够按照事先安排好的计划，合理地安排教学顺序和运

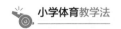
动量，灵活地掌握教学时间。如果上课的各种条件具备，应尽可能采用这种组织形式。特别是新班、低年级、组织纪律较差的班级，更应该尽量采用。这种组织形式的缺点是在场地小、器材少的情况下，不容易调节课的密度和运动量，甚至容易造成少数人练、多数人看的局面。

二、分组轮换

分组轮换是把学生分成若干组，在教师的指导和组长的协助下，在同一时间内，各组学生分别进行不同项目的练习，按预定的时间和顺序交换练习的内容。这种形式有利于克服场地器材限制的困难，培养学生的自觉性和独立工作的能力。缺点是教师不容易全面照顾学生，指出学生的优缺点，帮助学生纠正错误，也不能合理安排项目顺序，特别是有的组运动量不符合逐步上升的原则。不论是哪种分组轮换，都做不到根据学生的学习情况灵活地掌握各种项目的练习时间和次数。这种组织形式虽然不够理想，但是限于当前学校场地器材条件，仍是较普遍采用的一种组织形式。如果教师发挥主观能动性和创造性，灵活运用各种轮换方法，扬长避短，仍是行之有效的。

（一）分组轮换的分类

分组轮换的形式很多，要根据学生的人数、项目内容、场地器材等具体情况，来确定轮换的形式，一般有以下几种。

1. 两组一次等时轮换

把学生分为两组，令其分别学习不同的内容。课上到基本部分二分之一的时间时，两组交换，如图3-2所示。

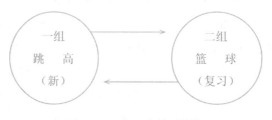

图3-2　两组一次等时轮换

两组轮换的形式在教学中常常采用。在学生人数不是很多，新知识需要较多的时间进行教学，复习内容不仅需要巩固提高，还有用来锻炼身体的价值，以及场地器材不能满足全班学生同时做练习的需要时，多采用此种形式。

2. 三组两次等时轮换

把学生分为三组，分别练习不同的项目。课上到基本部分三分之一的时间时，三组依次轮换一次；课上到基本部分三分之二的时间时，三组再依次进行第二次轮换。如图3-3所示。

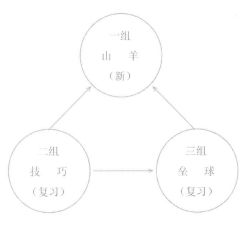

图3-3 三组两次等时轮换

这种形式主要用于学生人数较多，器材较少，三项教学内容比较简单，分量比较均匀，不需要很多时间练习的情况。如一项比较容易的新内容、两项复习内容（最好是学生能独立完成的）。每项内容的器材场地只要满足该班三分之一学生的需要就可以。

3.四组三次不等时轮换

将学生分成四组，首先一、二组学生用基本部分二分之一的时间学习一项新内容，三、四组分别复习两项内容，并在课的前四分之一时间小轮换一次；然后一、二组与三、四组大轮换，到了课的四分之三时间时，一、二组再小轮换一次。如图3-4所示。

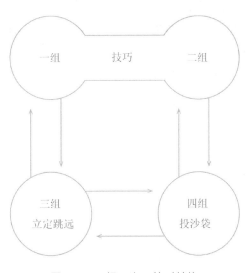

图3-4 四组三次不等时轮换

这种形式比较复杂，一般不在低年级使用。只有在培养好小组长、学生具有一定独立工作能力的情况下，有一项内容需要较长时间的学习、锻炼，另有两项较简单的复习内容，或者为了让学生全面锻炼身体，需要安排不同的素质练习（练习时间不长，可以

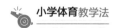

在短时间内发挥较大效果）时才使用这种形式。因为分组多，轮换复杂，上课时若计划不好，容易顾此失彼，流于形式，因此，现在较少采用这种形式。

（二）分组轮换的注意事项

第一，教师把主要力量放在教好重点内容，如新内容、难内容和有一定危险性的内容上，同时要兼顾其他内容，防止顾此失彼。

第二，排教学内容轮换的顺序时，应照顾女生和体弱组，使他们获得较好的学习条件。例如使他们练习的顺序符合运动量逐步上升的原则。

第三，换的教学内容分量要比较均衡，使练习的时间和生理负荷差别不要太大。如投掷与耐久跑，前者运动量小，练习所需时间较长；后者运动量大，练习所需时间短，就不便于轮换。

第四，加强体育委员和小组长的培养和训练，尽量发挥他们的助手作用。

第五，做好轮换的组织工作，建立常规的轮换，如第一声哨响学生停止练习，站好队伍；第二声哨响由组长领头，组成一路纵队，跑到指定的地点；第三声哨响在新的练习地点整好队，并开始练习。这样就能迅速而有秩序地进行轮换。

三、分组轮换和分组不轮换相结合

分组轮换和分组不轮换相结合的形式，指将学生分为两大组四小组，采用先分后合或先合后分的方法进行练习，即先分两组进行不同内容的练习（两组轮换一次），再合起来进行另一内容的练习；或者先合起来进行同一内容的练习，再分两组进行不同内容的练习（两组轮换一次）。这种方法，既有利于教师全面照顾，又能克服场地、器材不足的困难。分与合是根据教学的需要和场地器材的条件而定的。分与合的先后顺序要根据教学内容的特点而定。一般运动量较小的内容或新内容以合在前为好，运动量较大的内容以合在后为宜。先合后分和先分后合的形式如图3-5所示。

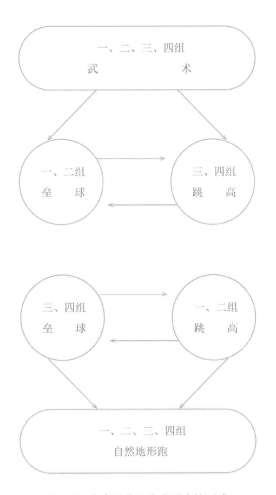

图 3-5　先合后分和先分后合的形式

　　这种形式主要是在三项内容中有的运动量太大，有的运动量较小，有的不受场地器材的限制，有的受场地器材限制等复杂的情况下采用。这种形式提高了时间安排上的灵活性，既可以用来练习复杂的内容，又可以用来练习简单的内容；既能发挥分组不轮换的优点，又能吸取分组轮换的长处。由于练习有分有合、可先可后，所以有利于调整内容的分量和合理安排教学顺序。如投掷和耐久跑，用不轮换的方法练习，投掷场地器材就不够，用轮换的方法又不能使各组运动量逐步上升。但是如果把耐久跑分为跑的基本技术和自然地形跑，再按先分后合的形式安排，就能使课的运动量安排得比较合理，如图 3-6 所示。

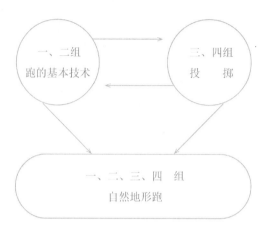

图3-6　先分后合的形式

以上这些组织形式，是从体育教学的实践中总结出的一些具体方法。这些组织方法运用得是否合适，主要应以是否起到实际教学效果、提高教学质量而定。有人认为这些轮换方法是形式主义，应摒弃这些方法；有人又不根据实际情况，为了变换花样，一堂课变换一种形式。这都不是实事求是的精神。无论采用何种组织方法，都必须从客观实际出发。如果场地器材都够用，就应多采用分组不轮换的方法；如果器材少、人数多，仍然采取分组不轮换的办法，致使少数人练、多数人看，那就不如采取分组轮换的方法。因此，任何方法都不是一成不变的，在体育课的组织中，采用何种形式、教学时间如何分配，应根据教学的任务、教材的特点、学生的人数、场地器材的条件和教学顺序的要求而灵活选定。

第五节　小学体育课的密度和运动量

为了增强学生的体质，提高教学质量，更好地完成体育教学的任务，应该特别重视体育课的密度和运动量。

一、体育课的密度

（一）课的密度与运动密度

课的密度也叫一般密度，是指课中合理运用的时间与课的总时间的比例。所谓合理运用时间，一般是指必要的讲解和示范、练习观察和互相帮助、必要的休息、合理的组织措施（如分组、调队）等。所谓不合理运用时间，一般是指教师多余的讲解、不合理的组织措施和不必要的休息等。教学中教师要认真备课，不断提高教学水平，充分利用有限的时间，最大限度地增加合理运用的时间，尽量减少不合理运用的时间。由于课的密度测定方法比较麻烦，区别合理时间与不合理时间，主观因素影响很大，所以不经常采用。但在师范生实习时，应多采用这种方法，以帮助学生分析在教学活动（包括讲解、示范、组织工作等）中，哪些活动是正确的、有效的，哪些活动是多余的，甚至是错误的，以便提高他们的教学水平。

运动密度也叫练习密度，是指课中学生做练习的时间与课的总时间的比例。由于它最能体现体育课的特点，对完成教学任务影响很大，所以在分析课的质量时，运动密度具有重大的意义。由于运动密度测定方法比较简便，标准也比较好掌握，目前运用比较普遍。

我们研究密度的目的在于通过测定和分析，发现教学过程中浪费时间的原因、教学及组织方面的缺点，以及运动密度大小是否合理等，以便发扬优点、纠正错误，更合理地组织教学，提高课的质量，特别是提高锻炼身体的效果。

（二）测定密度的方法

1. 准备工作

研究教案，了解课的任务、内容和组织方法；测验者分工（一般是一人计时，一人记录）；准备好登记表、计时表和必要的工具；选择测定对象（一般选择中等水平的学生）。

2. 测定工作

从上课到下课，测定实际所用的时间（以秒为单位）。测定课的密度是把课中各种活动的时间全部记录下来，还要及时区分所用时间是否合理（见表3-2）。

表3-2 课的密度测定登记表

学校_____ 班级_____ 受测者_____ 性别_____
年龄_____ 时间_____ 天气_____ 上课教师_____ 测定者_____

部分	学生练习	教师指导		组织措施		观察帮助		学生休息	
		合理	不合理	合理	不合理	合理	不合理	合理	不合理
开始部分									
准备部分									
基本部分									
结束部分									
合计									
百分比									

测定运动密度是按照计算练习时间的要求和方法，把课中练习的时间记录下来，并分别登记在表格内（见表3-3）。

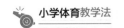

表3-3　运动密度测定登记表

学校＿＿＿＿＿＿班级＿＿＿＿＿＿受测者＿＿＿＿＿＿性别＿＿＿＿＿＿

年龄＿＿＿＿＿＿时间＿＿＿＿＿＿天气＿＿＿＿＿＿上课教师＿＿＿＿＿＿测定者＿＿＿＿＿＿

课的部分	时间	练习名称	练习数量	练习时间	百分比	备注
总计						

凡在课中有目的地用于身体练习的时间，均应作为练习时间。具体测定方法如下：①时间的计算包括动作的开始姿势到结束姿势。②在学生有目的地进行身体练习时，一般是人动表开，人停表停。但是静止用力的动作，如悬垂和平衡，武术的弓步、马步，仍应计算练习时间。③走步除了作为教学内容，如队列、走和走跑交替、结束部分的放松走步应计算练习时间外，其他走步，如调队、准备做练习、归队等均不算练习时间。而跑步都应作为练习时间，包括跑步参加练习和归队等。④活动性较大的内容和练习形式，如球类比赛、游戏、循环练习等，学生基本上处于活动状态，所以原则上整个过程都算练习时间。但是因犯规、练习不积极造成的中断和停顿，则应在练习时间中予以扣除。那些要依次进行的游戏，如迎面接力，等待接力的时间不能算练习时间。

3. 统计与分析

运动密度通过运算即可得出数据。课的密度还要将表中的数据进行统计，并按下方格式制表（见表3-4）。

表3-4　课的密度统计表

学校＿＿＿＿＿＿班级＿＿＿＿＿＿受测者＿＿＿＿＿＿性别＿＿＿＿＿＿年龄＿＿＿＿＿＿

时间＿＿＿＿＿＿天气＿＿＿＿＿＿上课教师＿＿＿＿＿＿测定者＿＿＿＿＿＿

课的密度统计表
1. 讲解与示范　　%
2. 学生练习　　%
3. 观察帮助　　%
4. 组织措施　　%
5. 休息　　%
6. 不合理运用的时间　　%

根据测定的数据和统计表，就可以对密度进行分析和评定。把一次体育课的总时间减去不合理运用的时间，余下的合理时间与课的总时间的比例，就是一次课的密度。例如一次课合理运用的时间是35分钟，一次课的总时间是40分钟，则课的密度是35/40=88%，不合理运用的时间占12%。

（1）具体的评定可从以下几方面进行。

①课的密度的大小和课中各项活动密度之间的比例是否适当。

②运动密度是否适当。

③通过对密度的分析，特别是对合理部分与不合理部分的分析，发现教学过程中浪费时间的原因、组织方面的缺点，以总结经验、挖掘潜力，提出改进的意见，进一步提高教学质量。

（2）分析和评定密度时要注意以下几点。

①评定课的密度是否适当，要从实际出发。例如新授课，教师指导的比重就要大一些；学生纪律差，组织措施花的时间就要多一些；天气冷、运动量小，运动密度就要大一些；体操由于练习的特点和器材的限制，运动密度就会小一些。

②运动密度在课的各项活动密度中应该占有较大的比重。运动密度的评定必须结合运动量进行分析。如快速跑，运动强度大，间歇时间与练习时间的比例就与连续做简单的徒手操不同。前者的密度小，强度大；后者的密度大，强度小。对这些都要做具体分析。

③密度是衡量课的质量的重要指标，但不是唯一指标。更不应为单纯追求课的密度而忽视全面完成课的任务。

（三）安排和调整密度的方法

上好一堂体育课，应当努力减少不合理运用的时间，充分地利用有限时间，获得最大的教学效果。但是运动密度要适当。因为教学中，教师的指导、适当的休息等，都是必不可少的。密度究竟以多大为适当，与运动量有直接的关系。有时也可能因为密度太大造成学生运动负荷过重，甚至损害健康。但是从目前体育教学的情况看，主要的问题还是密度偏低，因此要适当提高运动密度。合理调节密度应注意以下几点。

1. 认真备课

不断总结经验，根据学生、教学内容的特点，确定教学任务，合理地规划教学内容的分量、练习的时间及间隔的时间。对一堂课的密度应有大体设计。

2. 合理地安排教学内容

避免将密度较小的教学内容集中在一堂课。密度小的内容可以结合"课课练"，安排一些简单易行、提高身体素质的练习。

3. 严密课的组织

严密课的组织包括建立必要的课堂规范，合理组织练习，注意各部分的衔接，减少不必要的队形调动，培养训练干部，注意器材的准备和场地的合理布局，以及加强学生的组织纪律性等。

4. 改进教学方法

要改进教学方法，提高教学艺术，讲解要少而精，精讲多练，边讲边练。还可以运用游戏与比赛法、循环练习法进行教学。

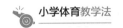

5. 提高学生练习的兴趣

要提高认识，培养兴趣，充分调动和激发学生练习的积极性和自觉性。

二、体育课的运动量

运动量指在体育教学中，学生做练习所承受的生理负担。合理安排课的运动量，对于学生增强体质，掌握运动技术和技能，培养优良品德都有重要的意义。因为运动量过小，就不能使机体得到必要的锻炼，也不利于技能的提高，甚至会使学生产生松懈情绪。而运动量过大，就会妨碍机体的正常发育，甚至有损健康，使学生产生畏难情绪，丧失信心，降低对体育的兴趣，有时甚至还会导致伤害事故。因此，教师要根据学生的性别、年龄、体质和课的任务以及教学的条件，合理地确定和安排运动量。

（一）体育课运动量安排的方法

第一，根据人体生理机能活动变化的规律，运动量要逐步上升，从整节课的结构来看，以基本部分的后半部出现运动强度的高峰为宜，然后逐渐下降，到下课时恢复到相对平静的状态。

第二，运动量应以中等强度（一般认为心率在130～170次/分）、提高有氧代谢能力为主。因为这种强度正是人体需氧量和吸氧量相等的稳定状态。最大血输出量和最大氧摄取量的限度，属于有氧代谢过程的适宜强度，对锻炼身体的效果最好。

第三，小学生的体育课，以适当降低强度，提高密度为佳，并应注意运动量节奏。强度小一些，密度大一些，这是符合儿童身心特点的。还要把练习与休息、运动量大的与运动量小的练习交替安排，避免连续进行大运动量练习，也不要让学生长时间等待或休息。

第四，以本班大部分学生的年龄、健康等状况为基础，结合课的任务、运动的特点和教学的条件，合理安排课的运动量，并注意区别对待。

（二）调节运动量的方法

要掌握适当的运动量，就要善于调节运动量。决定运动量大小的因素主要是练习的数量、强度、密度、时间和质量。

数量：练习的次数、重量、距离的总和。

强度：单位时间的生理负荷。

密度：练习之间间隔的长短和课中练习时间与课的总时间的比例。

时间：一节课的总时间。

质量：技术的正确规格和要求。

以上因素是互相联系、互相制约的。练习的数量、强度、密度、时间与运动量呈正比。在教学中可以通过增减这些因素来调节运动量，如增减练习的重复次数、增减练习的时间、改变练习的速度和幅度、改变练习间隔的时间、增减器材的重量和采取专门的休息等。

（三）分析和评定运动量的方法

常用的评定方法有观察法、自我感觉法和脉搏测定法三种。

1. 观察法

这是教师在课中经常采用的方法。主要从学生完成动作后的面色、汗量、呼吸、动作、表情等方面进行观察，以判断运动量是否合适。疲劳程度的表现可参考表3–5。

表3–5 疲劳程度判断表

观察方面	轻度疲劳	中度疲劳	非常疲劳
面色	稍红	相当红	十分红或者苍白
汗量	不多	较多（特别是肩带部分）	大量出汗（特别是躯干部分），颞部和衬衣上出现白色盐迹
呼吸	中速稍快	显著加大	呼吸急促、表浅、节律紊乱
动作	中速稍快	显著加大	动作变形、节奏紊乱
表情	情绪愉快	略有倦意	精神疲乏

2. 自我感觉法

自我感觉法是通过了解学生的自我感觉，来判断运动量的大小。自我感觉包括饮食、睡眠、精神、肌肉疼感、练习兴趣等方面。如出现食欲降低、睡眠不安、精神恍惚、心悸、恶心（甚至呕吐）、厌倦练习等现象，就是运动量过大。教师要经常听取学生的反映，并与观察法配合，以判定运动量是否合适。

3. 脉搏测定法

脉搏测定法是生理测定法的一种，是检查和评定运动量较为客观的方法。生理测定法是通过对人体脉搏、血压、呼吸频率、肺活量、体温变化、尿蛋白等方面的检查来进行评定。但是这些方法比较复杂，不便应用。在小学通常采用的是简易的脉搏测定法。

脉搏测定法是在体育课的全过程中，按一定的要求多次测定学生的脉搏，并将测得的数据绘制出运动量曲线图，以便掌握课中脉搏变化的情况，分析运动量是否适当。具体方法步骤如下。

（1）准备工作

①研究教案，了解课的任务、内容和组织方法。

②确定测定方法和分工。

③准备表格、计时表及必要的用具。

④选择测定对象。一般选择中等水平的男女生各一名，最好与选择测定密度的对象相一致。如果条件允许，或者要重点研究某些问题，以选择学生身体强、中、弱三种类型，并对测定出的生理曲线进行对比分析，得出的结论更为科学可靠。

（2）测定工作

①课前测定（相对）安静时脉搏。一般可在课前五分钟测定。测定前一定要使被测

定者处于相对安静状态，要消除其紧张思想，以免影响脉搏频率。

②测定方法一般采用定时测定（2～3分钟）和练习前、后测定相结合的方法。以练习前、后测定为主，以定时测定为辅。这种方法能比较全面地反映出一节课脉搏变化的情况。所谓练习前、后测定，指在那些主要的练习，或在可能使运动量有明显变化的练习的前、后进行测定。定时测定一般是在练习间歇时间超过两分钟时采用。课后测定脉搏恢复的情况可采用3～5分钟定时测定的方法。每次测定通常是计算10秒钟的脉搏次数，然后乘以6，即为一分钟的脉搏次数。测定时应尽可能不影响受测者练习。要注意观察受测者的表现，记录外界因素的影响，以便在必要时对脉搏的异常变化做出正确的分析。近几年多采用遥测心率机进行遥测，这不仅不会妨碍学生做动作，而且测定的数据较为准确。必要时可向学生介绍遥测心率机的性能和使用方法。

（3）制表

将每次所测得的数据填入脉搏变化曲线图，并将各点连成运动量变化曲线，以便直观地显示课中脉搏变化的情况（见图3-7）。

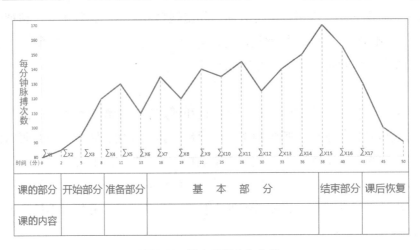

图3-7　课中脉搏变化曲线

（4）计算课的脉搏平均数（平均心率）的方法

平均心率是指全课心率的总和除以课的时间，求得课的每分钟平均脉搏数。平均心率的数据能在一定程度上比较客观地反映课的生理负荷，所以，经常用来作为衡量运动量的数据。计算平均心率的方法有面积算法和点算法两种，分述如下。

面积算法是应用计算面积的方法，求出全课心率总和，然后除以全课时间，得出课的每分钟脉搏平均数。具体计算步骤如下：

①将以上脉搏变化曲线图中脉搏频数各点与横坐标之间做一垂线，把脉搏曲线下的

面积分割为大小不等的若干区域 $\sum x_1 \sum x_2 \cdots\cdots \sum x_{17}$（$\sum$ 表示总和，$\sum x_1$ 表示第一区域心率总和）。

②用梯形面积公式求出各区域心率之和。

我们可以把以上各区域面积视为梯形，按照梯形面积 $= \dfrac{\text{上底}+\text{下底}}{2} \times \text{高}$，那么每一区域的面积（即心率之和）应为 $\dfrac{\text{低频数}+\text{高频数}}{2} \times \text{时间}$，则 $\sum x_1$（第一区域心率之和）$\dfrac{80+86}{2} \times 2 = 166$（次）。其他各区域也可用同样的方法求和得出。

③求全课心率总和。

全课心率总和等于各区域心率之和相加，即 $\sum x = \sum x_1 + \sum x_2 \cdots\cdots \sum x_{170}$。

④求全课平均心率（X）。

全课平均心率等于全课心率总和除以全课时间，即 $x = \dfrac{\sum x}{t}$。

点算法是将课中各次测得的心率加起来，再除以测定的次数（包含矫正点，但不包含安静时的脉搏），即得出课的每分钟脉搏平均数。

设：$X=$ 每分钟脉搏平均数

$x_1 =$ 第一次测得的心率

$x=$ 第 n 次测得的心率为 $=$ 课中测定的总次数

则：$x = \dfrac{x_1 + x_2 \cdots\cdots x_n}{n}$

这种计算方法虽然简便，但测得的次数在20次以内，则面积计算法准确，因此测的次数应尽量多一些，也可以不用增加矫正点的方法。增加矫正点就是在那些成倍的、超出一般平均时间的两点之间，加上一个或几个点，用以矫正因测得次数较少可能造成的误差。增加的矫正点数值计算的方法是：

设两点中，低频数值为 a，高频数值为 b，则在两点中增加一个矫正点的数值 $= \dfrac{a+b}{2}$。

如果在两点中增加两个矫正点，则可以按以下公式求出数值：

靠近低频数矫正点的数值 $= a + \dfrac{1}{3}(b-a)$

靠近高频数矫正点的数值 $= a + \dfrac{2}{3}(b-a)$

如果还要增加矫正点，则可以按以上方法类推。增加矫正点后，计算脉搏平均数的公式是：

$$x = \dfrac{\text{原有点频数总和}+\text{矫正点频数和}}{2a\,\text{原有点数}+\text{矫正点数}}$$

面积算法和点算法各有利弊，一般来说前者比较准确，但比较麻烦，后者简便，但不够准确。教师可以根据需要，灵活运用以上计算方法。

（5）脉搏的分析与评定，主要从以下四个方面进行。

①脉搏变化曲线的上升、稳定、下降的一般趋势是否合理，是否有过高过低、前高后低、大起大落等异常情况。

②脉搏曲线最高点的高度、出现的时间和延续的时间是否合适，是否有过高过低、前高后低、大起大落等异常情况。

③练习前后脉搏变化的幅度和重复练习脉搏变化是否适当。课后恢复的情况如何。练习的强度和每次练习间隔的时间是否适当。讲解示范及各项组织措施中存在什么问题。

④通过运动量的一般水平，即体育课每分钟平均脉搏，分析运动量是否适当。一般认为小学生体育课的平均心率在130次/分左右比较适当。

第六节　体育课中的思想教育

一、体育课中进行思想教育的主要任务

体育课中，教师不仅要向学生传授体育的知识和技能，增强学生体质，而且还要对学生进行思想教育。这是全面贯彻党的教育方针，培养无产阶级革命事业接班人的需要。小学体育课思想教育的主要任务是教育学生热爱党、热爱祖国，不断地提高他们锻炼身体的自觉性，逐渐养成锻炼身体的习惯，培养他们养成服从组织、遵守纪律、热爱集体、勇敢顽强、艰苦奋斗的革命精神。

二、体育课进行思想教育的途径

体育课的思想教育应该结合体育教学的特点进行，不能离开实践而空泛地进行说教，同时要善于把思想教育渗透到体育课的全过程。思想教育的主要途径有以下几种。

（一）根据教材的特点，有计划地进行教育

小学教材中，有些教材思想性很强，如体育基础知识，能对学生进行体育目的、任务的教育。大部分的游戏教材，有主题、有情节，有严格的规则，教育因素很强。教师可以通过教材的内容，有计划地对学生进行教育。也有一些教材本身没有思想性或思想性不明显，教师则要根据教材的不同特点和教学过程，结合学生的思想实际，利用各种教育因素，有意识地引导，有针对性地进行教育。如通过投弹、角力、攀爬、武术进行战备和保卫祖国的教育；通过技巧、单杠、支撑跳跃培养学生勇敢、果断、机智、顽强

的品质。针对学生不愿练习长跑的思想，对学生进行体育目的性的教育等。

（二）利用课的组织和教法措施积极配合进行教育

课的组织和教法措施，对学生有广泛的教育作用。例如，通过课的动员和总结，能对学生进行学习目的的教育；整队和队形调动，能进行组织纪律性的教育；场地器材的布置和器材归还，能教育学生热爱劳动、爱护公物；体操练习中的保护帮助，可以培养学生团结友爱和责任心；游戏和竞赛，可以培养集体协作能力和英雄主义精神等。把思想教育同课的组织和教法措施结合起来，既有利于提高课的质量，又能增强思想教育的效果。

（三）抓住学生在课堂的表现，及时地进行教育

体育课中，学生处于积极活动的状态，情况多变，学生的思想行为也随之变化。教师要观察学生的各种表现，抓住苗头，抓住倾向，因势利导，有针对性地、及时地进行教育。对于出现的偶发事件，特别是一些有影响的事件，教师应该旗帜鲜明，及时进行表扬或批评，鼓励先进，制止不良倾向。

（四）结合儿童的年龄特点进行教育

结合儿童的年龄特点，生动活泼地进行教育，避免冗长的成人化的说教。低年级学生的抽象思维能力较差，语言更要形象具体，最好通过实例，如通过革命领袖锻炼身体的故事，鼓励学生积极参加锻炼。小学生兴奋高于抑制，自控能力差，甚至连续犯各种错误。教师既要严格要求，又要满腔热忱，循循善诱。小学生兴趣广泛，好胜心强，要注意向正确方向引导，保护他们的积极性，少批评、多表扬，以正面教育为主。

（五）教师以身作则进行教育

在进行教育的过程中，教师要以身作则，做学生的表率，凡是要求学生做到的，自己首先要做到。教师的思想面貌、言行衣着、工作态度对学生有深刻的影响和示范作用，身教重于言教。要耐心地做工作，防止简单粗暴，禁止体罚或变相的体罚。还要实事求是，讲求教育的实效，不搞形式主义。

第七节　体育课的准备、进行和分析

一、体育课的准备

凡事预则立，不预则废，体育教学也不例外。上体育课前要做好准备，写好教案，这是提高体育教学质量的一项重要措施。但是，有的教师把体育课看成只是组织孩子们

"玩玩",因此对课前准备重视不够,甚至有少部分教师认为自己有"十八般武艺",不备课也可以照样上好课,这是错误的。不论是新教师还是老教师,不论是新课还是复习课,教师都必须认真做好课前准备,才能上好体育课。

(一)编写教案

教案是教师按照学期教学工作计划的内容和要求制订的每节课的具体执行计划。它是上课的直接依据,直接关系着课的质量。

1. 编写教案的准备

(1)认真学习和钻研教材,明确教材的意义、任务、特点、内容、要求,明确教材的系统性和教材的相关性等,这是提高备课质量的关键一环,是备课的直接依据,是编写教案最重要的准备工作。

(2)深入了解任课的班级和学生的情况,包括学生的性别、年龄、人数、健康状况、体育基础、学习态度、兴趣爱好等。

(3)了解场地器材情况,特别是几个班同时上课时,场地器材都必须事先摸清情况并安排好。

2. 备课的主要内容

(1)确定课的任务和要求。课的任务是组织安排课的指导思想,它体现了一堂课的基本要求。教师要在学习钻研教学内容的基础上,结合学生的具体情况,确定课的任务。一般是把大纲规定的体育教学三项基本任务具体化:知识目标,即学习或复习提高哪些知识技能;技能目标,发展哪些身体素质的活动能力;情感目标,培养哪些思想和品质等。任务要确切可行,防止形式主义。为了实现课的任务,应该对教学内容提出明确具体的要求,以便按要求考虑教学内容的组织和教法。

(2)处理好教学内容,选择适当的教法。体育课中,教与学都要少而精,这就要求教师把握教学内容的重点和难点。如为了便于教师讲解和学生理解记忆,可以把复杂的动作过程和动作要领归纳成几个字的口诀。教学方法是掌握教学内容的钥匙,教师要根据教学内容的重点、难点,结合学生的实际情况选择教法,如怎样讲解示范、采用什么练习法、如何纠正错误等。

(3)合理安排课的密度和运动量,要把增强学生体质和完成其他教学任务紧密结合起来。

(4)有计划地安排思想教育的内容。通过有效的思想教育的途径,把思想教育贯彻课的始终。

(5)做好课的组织工作。合理的组织,能使全课结构紧凑;时间与器材得到充分的利用;学生得到适当的教育管理,使教学有条不紊地进行。

3. 备课的方法

备课的主要方法是以基本部分内容为中心来全面安排课的各部分内容。基本部分内容对课的进行起决定和支配作用，这一部分教学内容安排得是否合适，直接影响着其他部分的安排。如开始部分的组织教学和准备部分的身体练习，其主要内容应与基本部分密切联系，并为基本部分做好准备。结束部分是基本部分的自然延续，也受基本部分的内容所制约。因此，备课时只要抓住基本部分这个主要矛盾，其他矛盾也就迎刃而解了。从基本部分入手，围绕基本部分的内容安排全课，是备课的基本方法。

4. 备课的格式

备课的格式指按照一定的格式书写教案，这样写起来方便，看起来清楚。编写教案既要写清楚，考虑好每一个细节，也要简而明，切忌繁杂。教案的内容、格式、方法不需要强求统一，这里提供一个范例，可供参考（见表3-6）。

表3-6 教案范例

教学内容	1.技巧：前后滚动；2.游戏：障碍赛跑				
教学目标	1.通过本次课的学习，使学生学会前后的动作方法，掌握要领 2.通过练习，发展身体的柔韧性、平衡感觉和协调灵敏等素质 3.培养学生团结协作和集体主义精神，发展学生的奔跑能力				
教学重点	滚动要圆滑				
教学难点	团身要紧				
场地器材	篮球场、20块小垫子、4个标志物、4个小圆圈				
课的结构	教学内容	教师活动	学生活动	时间/（分钟）	强度
准备部分	一、课堂常规 1.体委整队、师生问好、报告人数、检查服装 2.宣布课的内容和任务 二、准备活动 1.队列：立正、稍息、集合、解散 2.广播操 3.专项准备活动	1.教师语言要清晰 2.教师讲解课堂要求和任务 3.教师讲解队列练习的要求 4.师生一同练习 组织： ××××× ××××× ××××× ××××× ◎ 同上队列四列横队	1.学生站四列横队 2.学生认真听讲，注意观察 3.学生听从指挥，注意力集中 4.学生充分活动各关节	8	小

续表

基本部分	一、技巧 （前后滚动） 重点：滚动要圆滑 难点：团身要紧	1.教师讲解动作方法和要领 2.教师做分解动作和完整动作示范 3.教师给学生个别指导 组织： □□□□□□ ××××× ◎ ××××× □□□□□□ 4.找学生表演	1.学生认真学习动作方法和要领 2.学生集体练习 3.学生分组练习 4.学生精神饱满，动作轻松，整齐一致	18	中
	二、游戏 （障碍赛跑） 1.游戏者应在比赛中完成所规定的动作 2.由小裁判评定动作正确与否 3.每个队员的比赛次数相等	1.教师讲解游戏要求和规则 2.学生练习比赛 3.教师评定胜负 组织： ＋ ＋ ＋ ＋ □ □ □ □ ○ ○ ○ ○ × × × × × × × × × × × × × × × ×	1.学生认真听讲游戏规则 2.学生练习比赛 3.学生分组比赛	10	大
结束部分	1.放松 2.小结 3.下课	1.总结本次课的情况 2.下课	1.学生认真听讲，精神饱满 2.体育委员组织同学归还器材	4	小

（二）培养干部

体育委员和小组长是教师的得力助手，课前预先进行培养，课中充分发挥他们的作用，课后向他们了解情况，对提高课的质量有重要作用。在培养时，首先要加强思想教育，培养他们的光荣感和责任心，要求他们在体育课中起模范带头作用。其次是有计划地使他们学习和掌握一些体育知识、技术和技能，使其具有进行技术辅导和独立工作的能力。再次是在课前按照本课的要求对他们进行必要的辅导，如掌握某项技术动作和指导方法，学习如何进行保护与帮助，说明教学中组织练习时应注意的事项等。

（三）准备场地与器材

课前要布置好场地器材，画好各种标记，进行安全卫生检查，以保证课的顺利进行。

（四）其他

教师要注意自己的衣着和仪表。最好能通过现场备课，进一步熟悉教案的全过程。必要时可以找几个学生进行一些试验，进一步检查和改进教案。对学生除了衣着方面的常规要求以外，本节课的一些特殊要求，如测验快速跑要穿轻便的衣服等，也要在上课的前一天通知学生预先做好准备。

二、体育课的进行

课前做好准备以后，要使教案付诸实践，关键的一环还在上课。在体育课的进行中，除了积极贯彻体育教学的原则，灵活运用教学环节和方法以外，还要注意以下几点。

（一）充分发挥教师的主导作用，不断调动学生学习的积极性和自觉性

在教与学的双边活动中，教师要起主导作用。为了实现体育教学的目的和任务，教师要按照教育方针所规定的政治方向，依据教学大纲规定的内容，以自己的专业知识和思想行为教育学生。教师是课的组织者和领导者，要按照课时计划进行教学，还要动员和组织、引导学生上好课。实践证明，课的效果总是与教师是否起主导作用或者教师起的作用是否得当相联系的。引导不甚得法或放弃了主导作用，都会导致课的失败。那种上课不写教案，教学采取"放羊式"，放弃教师主导作用的做法是上不好课的。小学生年龄小，活动能力差，特别需要组织引导，教师更要发挥主导作用。

学生上课的积极性对于提高练习的质量、课的密度和运动量等都有很大的影响，如果引导得法，可获得事半功倍之效。在教学的全过程中，都要注意提高学生的积极性。开始上课时，要使学生注意力集中，精神振奋；在课的进行中，要通过多种组织和教法措施，使学生不断提高对课业的兴趣，使他们情绪高涨，甚至忘却疲劳；即使在课的结束阶段，也要使学生有身体虽已疲劳但心情愉快的感觉。

（二）严格训练、严格要求

在教学中，教师既要亲切关怀、耐心诱导，又要严格要求、严格训练。严格是练习质量和课的顺利进行的保证。但是严要严得适当，严而不死板，生动活泼。如要求学生严守课堂纪律，遵守游戏规则，做动作要一丝不苟等。对学生在练习中因欢乐和激动出现的缺乏控制的行为，如过分的喧哗吵闹、队形不整等，则要适当引导，并适当加以限制。

（三）加强课的组织工作

教师要使教学过程紧凑，安排合理。如开始部分队列练习完毕，就把队形变为准备部分所需要的队形，很自然地接着做准备活动，准备活动的沙袋操又与基本部分的投掷内容相衔接，从而自然地一环接一环，逐步过渡到基本部分。在课的进行中，既要落实计划，也要根据实际情况进行必要的调整，使措施更加合理。有时甚至可以根据情况的变化，采取新的组织措施，如由于学生人数的变化而重新进行分组，或缩短和延长做动

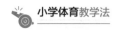

作的时间等。

（四）建立和坚持课堂规范

课堂规范是把体育课中一些通常的要求与规定制度化。教学中可以根据需要建立必要的规范，如上课的规范（集合队形、报告程序、衣着要求）、练习和轮换方法的规范、分发和归还用具的规范、投掷安全与体操保护的规范等。不仅要建立规范，而且要在体育课的进行过程中经常坚持。

（五）及时调整课的密度和运动量

由于事先对情况了解得不全面，或因天气、场地等条件的变化，教师课前计划的课的密度和运动量不一定完全符合上课时的情况，因此教师在课的进行中，要运用观察法及学生自我感觉的反应和对学生脉搏的测定，根据合理安排运动负荷的原则，临时调节课的密度和运动量。

（六）做到精讲多练

精讲多练扼要地概括了体育课中讲与练的关系。精讲就是要讲得少而又讲得好，抓住教材的重点、难点和关键，讲清楚、讲明白。只有精讲，才能有效地指导学生练习，才有时间让学生多练。但也不是练得越多越好，要练得适当。教学中往往因讲得太多而影响了课的质量，所以每节课讲什么内容、讲多少时间、什么时候讲，都要事先做好准备。

（七）重视思想教育

思想教育是体育教学的基本任务之一，同时也是完成体育教学中其他任务的保证。所以，教师在思想上要重视，要有目的、有计划地对学生进行思想教育，要做思想教育的有心人，通过各种途径，把思想教育贯穿课的始终。

（八）防止教学中的成人化倾向

教师要根据少年儿童的年龄特征进行教学。要运用儿童语言，把课组织得活泼有趣，不要机械搬用成人或运动员的训练方法。

（九）注意安全，防止伤害事故

要加强安全教育，注意教学环境的安全（如场地平整、周围不要有带棱角的障碍、雨天防滑），做好准备活动。在教法措施上，事先安排好防止学生互相碰撞的防护措施，要求学生不穿硬底鞋，口袋内不装硬、尖利物品，同时要加强保护和帮助。

（十）有执行计划的严肃性，还要有执行计划的灵活性

不能随意改变预定的计划，要从实际出发。同样的课，在一天中不同的时间进行，也需要做必要的调整。如上午第二节课，学生精力充沛，注意力集中，组织教学就可以简略。上午第三节课正是学生做完课间操之后，准备活动可以减少。上午第四节课应尽量把运动量大的内容向前移，因为最后学生肚子饿了，再加大生理负荷量就会有困难。下午第一节课由于学生一般很少午休，上课精力很差，就特别需要加强组织教学。

三、体育课的分析

每个体育教师都应该学会分析和评定体育课的方法。这样就能够用一定的标准，检查教学工作，总结经验，发现问题，从而不断提高教学质量。

分析，就是对课的质量进行检查和评定。分析体育课通常有两种方法：全面分析法和专题分析法。全面分析法是对课的质量进行全面的分析和评定，专题分析法是对课的某一方面的质量进行分析和评定。在实际应用中，要根据研究的任务，确定选用哪一种方法，也可以两种方法结合进行。

（一）全面分析法

全面分析法的方式有很多，有的是按问题分析方法分述，有的是将课的全过程按部分逐个进行剖析，也有的是将两者结合起来进行分析。现在介绍的是按照教与学的特点，即分别就教师和学生的情况进行全面分析。这种方法首先要从学生全面完成体育教学三项基本任务的成效进行分析。具体的内容有：课的密度和运动量是否适当；技术和技能掌握的情况，是否在原来的基础上有所提高；思想教育的效果如何，是否对课的进行起了保证的作用；对学生具有教育和激励作用的程度如何；等等。其次是看教师在课中的表现，如课前的准备是否充分，主导作用发挥如何，教育的技巧、教学能力（讲解、示范等）、课的组织、教学原则和教学方法的运用情况如何，等等。最后根据以上两方面，对课的质量进行全面的分析和评定。分析中要把教师和学生这两方面联系起来，注意从学生的身上看成效，从教师的身上找原因，肯定成绩，指出今后的努力方向。初学分析课时，如实习学生、新教师，应该先学习全面分析的方法。以上这些方法只是用不同的方式、从不同的角度进行分析观察，并无本质的差别，分析者可以酌情采用。在分析中，应该善于透过事物的表面现象，洞察问题的本质，这样才能对课做出正确的评价，分析失败的原因，总结成功的规律。

（二）专题分析法

专题分析法是为了进一步提高分析的质量，对课的某一方面的问题进行专题分析。如专门分析课的密度、运动量或精讲多练的问题。在专题分析中，可以一个人或一个小组着重分析一个专题。可以通过一次课或几次课，对某个问题进行专门的分析。分析的专题要根据研究的需要拟定，如怎样确定课的任务，如何进行思想教育，某项教材的教法或教师的教态和语言研究，等等。通过这样细致深入的观察、分析、总结和交流，就会得到更好的效果。

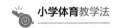

课后作业

1. 体育课的特点有哪些?

2. 体育教学的原则是什么?

3. 用表格形式写一篇小学体育实践课教案。

第四章 小学体育的工作计划和 学生体育成绩评定

体育工作计划分为全校体育工作计划和教学工作计划两类。教学工作计划又分为学年教学工作计划、学期教学工作计划和课时计划三种。各种计划都有其具体的作用，为了使工作取得预期的效果，做好各方面工作的计划是非常必要的。

第一节 全校体育工作计划

全校体育工作计划是一个综合性的指导纲领，对全校一个学期的各项体育工作提出指导原则，做出全面安排，使学校体育工作能按照党的教育方针，有目的、有步骤地开展，提高工作质量，取得优异成绩。

一、制订全校体育工作计划的步骤

制订全校体育工作计划，首先要做深入的调查研究，摸清情况，提出制订计划的客观依据；其次要研究学校的教育工作计划，体育工作计划要符合学校教育工作计划的要求，服从学校总计划的安排；最后是要研究上级体育教育部门对体育教学研究、竞赛、课外活动等的安排，使一个学校的体育工作计划与上级有关部门的体育工作计划紧密衔接起来。

二、全校体育工作计划的内容

全校体育工作计划的内容包括以下几个方面。

（一）情况分析

分析学校的体育教育现状，可以从教师素质、学生体育基础、体育设施器材等方面分析，完善管理机制，明确目标任务。

（二）任务

根据对全校情况的分析，提出教学、训练、竞赛、群众体育活动、思想教育等方面的任务和要求。

（三）各项工作纲要

1. 宣传教育工作

根据学校的教育计划，提出体育方面的宣传教育内容、形式和安排。

2. 教学工作

提出教学工作的指导思想，制订教学计划的原则，改革提高教学质量的措施和教学研究活动安排。

3. 课外体育工作

（1）课间操的组织与安排。

（2）《国家体育锻炼标准》的实施方案。

（3）运动队训练工作安排。

（4）运动竞赛安排。

（5）体育干部培训工作的安排。

4. 体育卫生工作

体育卫生工作主要包括学生体格检查和其他卫生保健措施。

5. 体育教师进修提高工作水平

可以从如何帮助体育教师提高工作水平出发，介绍如何通过自学，开展教研活动，进行短期培训，提高体育教师的教学水平。

（四）具体措施

要把全校体育工作计划的具体措施详细列出来。

（五）工作进度表

根据各项工作纲要，提出各阶段或月计划安排，使计划落到实处，便于执行检查。

附：工作进度表示例（见表4-1）

表4-1　xx小学体育工作计划安排　　xxxx年xx月—xxxx年xx月

月份	工作纲要	负责人	完成情况
九月	1.制订各年级教学工作计划 2.学生体质健康水平测试 3.调整运动队 4.组织队列和广播操比赛，进行纪律教育 ………		
十月	………		
十一月	………		

第二节 学年体育教学工作计划

学年体育教学工作计划主要是安排一个学年各类教学项目的教学时数和教学内容，根据学生的生理特点和心理特点，有计划地给学生传授体育知识、技术和技能，促进儿童正常发育，提高身体机能水平和素质水平，增进健康，增强体质。

小学体育教学大纲规定了各年级的教学内容，但一个年度的教学计划受师资质量、学生身体机能和素质水平、场地器材等条件的制约。因此，各类教学内容的时数比例安排要根据各校的具体情况进行调整。

编制学年教学工作计划时，要对学生的身体机能情况、素质情况、技术掌握情况、兴趣爱好、思想意志品质等方面进行调查分析，作为制订教学计划的依据。只有掌握了这些情况，学年教学计划提出的任务要求、教材的选择和安排才能切合学生的实际。

本学年教学工作计划中，教学内容的选择和分配要遵循下列原则。

一、教学内容要符合身体全面发展的要求

所谓全面，是指教学内容既要包括发展人体基本活动能力的内容，又要包括全面提高身体素质和提高儿童身体机能水平的内容。在体育运动中，各种运动项目对机体虽然都具有全面的影响，但各类项目对人体的作用又有它的局限性，短跑、中长跑、游泳等项目有利于提高循环系统和呼吸系统的机能水平，发展速度和耐力素质，体操则比较有利于提升柔韧、灵敏素质。因此，教学内容要多样化，帮助儿童的各器官系统的机能都得到发展。

二、教学内容的深度和难度（距离和重量）要符合学生的水平

儿童的心脏发育还未完善，无氧代谢的速度类项目（短跑）和耐力跑，其距离都不能太长。儿童的肌纤维少，肌肉力量小，投掷类项目不宜过多，器材不宜过重。

三、注意教学内容的纵横联系，循序渐进

各类教学内容互相影响，互为作用，互相联系。同一类教学内容有其内在的系统性，安排教学内容时，要注意从易到难、从低到高，逐年打好基础。技术的掌握要以素质为基础，素质的练习要走在技术教学的前面。在制订教学计划时，教师要研究每项技术与素质的关系，研究各项技术本身的系统性。有些教学计划要求在前一两个学年就要做素质的准备，如二年级的纵劈叉，在一年级就要安排一些髋关节的柔韧性练习。又如四年级支撑跳跃的"跪跳上成跪撑，跪跳下"这个动作，必须在三年级就安排垫上的跪跳起练习，为四年级学习箱上的跪跳下动作打好素质基础和技术基础。这样安排的教学计划，才能做到循序渐进，符合科学性。

四、教学内容要同《国家体育锻炼标准》相结合

通过体育教学，使学生掌握《国家体育锻炼标准》中的各项技术动作，便于学生在课外进行锻炼，争取达到各级标准。

五、从实际出发，因地制宜

教学大纲规定的基本教学内容是对学生的统一要求，应积极创造条件，努力完成。由于各地情况不同，各校可因地制宜，对教学内容作适当的调整，南方地区可增加游泳，北方地区可增加滑冰等内容。要反复使用一些对身体锻炼具有较大价值的教学内容，低年级的教学内容在高年级可重复出现，一方面是复习巩固，提高动作质量，另一方面是作为锻炼身体的手段，列入教学计划。

六、要考虑气候特点

夏季适宜游泳、短跑、跳跃等速度类、灵敏类项目，冬季可增加中距离跑、投掷等项目。气温寒冷的地区，不适宜安排单、双杠、爬竿等内容；夏日酷热，安排长跑对儿童的健康不利。所以，在制订年度计划时，要充分考虑项目的特点、本地区气候的特点，才能收到良好的教学效果。

附：年度教学计划（示例）。

××小学一年级××××—××××年

一、指导思想

本学年度全面贯彻《体育与健康》的教学大纲，实施《新课程标准》。本班的体育工作，以"健康第一"为指导思想，激发学生的运动兴趣，培养学生终身锻炼的意识，促进学生健康成长。

二、教学条件分析

一年级的学生刚入学半年，年龄较小，接触的东西也少，什么对他们来说都是新鲜的，什么对他们来说几乎都是从零做起的。他们喜欢接受新知识，但对某些难度较大的知识接受较慢，特别是某些对协调性要求较高的项目。力量也比较弱。男生活泼好动，组织纪律观念不强，但表现欲强；女生和男生一样活泼，应多以游戏为主，在其中进行组织纪律教育，培养他们良好的习惯。

三、任务目标

1.进一步了解体育课和锻炼身体的好处，知道一些保护身体的简单常识和方法。

2.进一步学会一些基本活动、游戏、韵律活动和舞蹈的方法，提高身体素质和基本活动能力。

3.体验参加体育活动的乐趣，遵守纪律，与同学团结合作。

4.掌握体育基础知识，明确体育锻炼的作用，在锻炼中运用学到的知识，并不断巩固和提高。

5.进一步增强体质，特别是耐力素质和力量素质。

6.通过体育锻炼，培养集体主义精神，进行爱国主义教育，增强自信心，为终身锻炼打下坚实的基础。

7.通过教学，使学生初步掌握各种基本动作的简单方法和技能，培养学生正确的身体姿势，发展身体活动能力，促进新陈代谢和正常生长发育，增进身体健康。学生在身体活动中，伴随着丰富的心理活动和各体育群体社会性的交往活动，感受到友好合作、团结友爱的情趣，体验自信、健全的个性心理。通过教学，培养学生团结友爱、相互合作、遵守纪律、勇敢顽强、热爱生活、积极进取的优良作风和品质，促进学生身心全面、和谐地发展。

四、方法措施

1.全体学生要积极参加体育锻炼活动，遵守考勤制度，按时上课。

2.遵守体育课常规，认真听讲，积极学习。

3.参加期中和期末检测，督促学习。

4.教师采用直观教学方法，精讲多练，做好"自主、综合、拓展、创新"研究。

5.教师处处以身作则，为人师表。

6.教师认真备课，做到深入了解教材和与教材有关的书籍及材料。写好教案，做好示范和讲解，使学生能从客观和主观上学习。

7.教学方法具有多样性、灵活性，主要以学生练习为主，教师只是起到指导、纠正作用，真正做到以学生为中心。

8.及时进行考评，用学生自评、小组互评、教师总评相结合的方式来评价学生的学习情况。

9.开展兴趣小组。

第三节　学期教学工作计划（教学进度）

学期教学工作计划应根据学年教学计划安排的教学时数和教材纲要，提出学期教学任务，科学地排列出一个学期内每节课的教学内容，并制定完成任务的各项措施。

一、编制学期教学工作计划的原则

第一，根据学年教学计划和本学期各项教学内容的时数，计算出各项教学内容在一

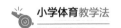

个学期体育教学课中应出现的次数。以每次安排两个教学内容为例，2乘以该项教学内容课时数的积，就是该教学内容应出现的次数，如游戏内容是8个学时，2×8=16，即游戏内容应出现16次。

第二，教学进度的安排应保证重点，主要教学内容和定期考核的教学内容应有机结合。大纲规定的考核教学内容一般都是重点，因此应优先安排。

第三，教学内容排列的方法有连续排、间隔排、集中与分散结合排三种。采用哪一种排列方法，各类教学内容何时出现，要根据教学内容的特点、季节、气候、竞赛时间和场地设备等条件而定。

第四，教学内容的安排要从易到难，由简到繁，循序渐进。新旧内容、不同难度和不同性质的内容要搭配好，注意学生身体全面发展的要求。

第五，每次课安排多少教学内容，应根据教学任务、学生特点、教材性质而定。一般可安排两项教学内容，但由于儿童神经活动中兴奋占优势，内容要注意多样化。因此，除安排基本教学内容以外，教师在备课时，还可选择若干辅助内容或采用复习内容。准备活动时，在组织循环教学中与主要内容搭配。这样可做到课程教法多样化，使体育课生动活泼。

二、编制学期教学工作计划的程序

第一步，编制学期教学分配表。教学分配表是根据各项教学内容的时数、出现的次数，作先后次序安排和搭配。编制学期教学工作计划涉及的原则和因素很多，各项教学内容的安排和搭配要经过反复多次调整，才能编排得比较合理。在试排的时候可用铅笔，反复调整，排定以后再用钢笔填入表内。教学内容的搭配是一项很细致的工作，只有做好各项教学内容的排列和搭配，学期教学计划才会更具有科学性。

第二步，根据各项教学内容出现的次数，列出各节课的具体内容。

第三步，根据教学分配表，把各节课的教学内容填入教学分配表。

下例是小学三年级下学期体育教学计划。

××××学年第二学期三年级体育教学计划

一、基本情况

这学期继续由我承担三年级两个班的体育教学任务。通过上学期授课，我了解到，大多数学生身体健康，无运动技能障碍，组织纪律性较强，但情绪变化较大，上课喜欢玩，运动能力有一定发展，想象力丰富，学习兴趣易激发。但运动系统发育不成熟，肌肉力量和协调性较差，应该努力培养学生主动进取的态度，掌握学习方法，把握学习规律，让学生在学习过程中去探讨、去理解、去发现、去创造。综合考虑学生的身心健康，通过合理的运动实践，使学生在不断克服困难中体验运动乐趣；提高运动技能，培养健康和愉快生活的态度；通过适宜的运动，了解自己的身体变化，增强体质，培养坚强的意志。

二、教学分析

小学三年级体育教学以实践教学为主。根据学生的能力以及学校的实际条件，体育教学主要选择田径（跑、跳、投）、体操、游戏、篮球等基础项目，以使学生跑、跳、投的基本技术得到提高，并挖掘生活中的实用技能与武术基本功的练习。

1.从儿童需要出发，不受运动技术系统的制约。即以学生为主，进行以游戏和发展基本活动能力为主的锻炼活动。

2.教学内容儿童化、生活化，更好地贴近学生生活、学生实际，让学生积极地参与，如模仿兔跳、蛙跳等，更多采纳游戏教学。

3.教学计划以发展学生基本素质，即跑、跳、投、爬的能力为宗旨，通过不断的练习来提高他们的灵敏、反应、协调能力。

4.借助游戏让学生感受到集体和个人的区别，使其能与同伴建立良好的合作关系及集体荣誉感。

三、指导思想

认真学习"体育与健康"新课标，把"生活教育"的理念渗入新课程中。坚持"健康第一""以人为本"的指导思想，以促进学生健康成长为目标，激发学生的运动兴趣，培养他们终身锻炼的意识。在教学中，重视学生的主体地位，发挥他们的创造力，以学生发展为中心；关注个体差异与不同需求，确保让每一位学生受益。

四、教学目标

1.以队列队形，基本的走、跑，武术基本动作为主。

2.掌握基本体操（徒手操）、快速跑（站立式起跑、途中跑）、耐力跑、定时跑、立定跳远、垒球投掷、身体素质训练（结合达标项目）、直线运球比赛等技能。

3.在上课过程中多做一些辅助性练习，如发展耐力速度的定时跑、定距离跑；发展下肢力量，提高立定跳远成绩的跳起、原地抱膝跳、跳台阶、兔子跳等。

4.通过速度力量练习和耐力练习（跳跃性、耐力性的反复练习）来改善肌肉的协调性，促进力量的发挥。

5.采用小重量和不负重的方式，通过协调性练习（结合游戏）和提高动作速度的练习来提高速度、力量。

五、教学重、难点

1.教学重点

（1）队列队形，走、跑、投，课堂常规。

（2）掌握基本体操、武术基本动作、快速跑、耐力跑、立定跳远、身体素质训练、直线运球比赛等。

2.教学难点

（1）力量练习、耐力练习和协调性练习。

（2）正确姿势、规范动作的自我体现。

六、教学措施

1.正确把握"体育与健康"课程标准，以"健康第一"的指导思想进行教学。

2.备好每一节课，营造一个宽松生动的课堂气氛，在课前"场地备课"，课后认真反思。

3.采取多样的教学组织形式，如分组教学（异质分组、随机分组、男女分组等）、分段教学等。

4.在课间多开展授课内容、动作的评比、竞赛，调动大家的积极性，在竞争的气氛中更好地掌握动作技巧，培养集体荣誉感。

5.积极培养体育骨干，注重培养学生的组织能力，突出学生的主体地位。

6.将游戏贯穿于整个课堂中，并尽量做到与学生玩在一起，在娱乐的同时学到知识，加强集体观念教学。

七、教学进度表

周次	教学内容及活动	课时
1	室内课、队列队形、游戏；曲线跑游戏、自然快跑	3
2	学习广播体操《七彩阳光》	3
3	学习校园舞《小白船》	3
4	学习校园舞《小白船》	3
5	学习校园舞《小白船》	3
6	前滚翻、25米×2往返跑	3
7	齐步—立正、跑步—立定、跳高、踢毽子	3
8	跳高、跳绳	3
9	跳远、跳绳、小篮球	3
10	错肩行进、交叉行进、韵律舞蹈	3
11	韵律舞蹈、攀爬肋木、小足球	3
12	投准、小足球、乒乓球	3
13	支撑跳跃、双手体前向前抛实心球	3
14	投准、篮球、投远、小足球	3

周次	教学内容及活动	课时
15	投远、小足球、武术	3
16	踢毽子、快速跑	3
17	立定跳远、耐久跑	3
18	25米×2往返跑	3
19	考核：立定跳远、跳绳	—

第四节　课时计划（教案）

上课前认真备课，写好课时计划，这是对每一个教师的基本要求。

体育教学主要在室外进行，学生在活动中掌握体育知识、技术和技能。不仅要考虑上课的对象，还要考虑季节、气候、场地、设备等客观环境的影响，这就要求一节体育课的各个环节都得组织严密，教学方法多样，切合学生实际。一个环节疏忽，都有可能导致整节体育课失败或出现伤害事故。所以，做好课前准备，写好课时计划，对于提高体育课质量是十分重要的。

课时计划是教师根据实际情况对一节课设置的教学方案，所以又简称教案。体育课教案的内容包括：教学任务、教学内容、教学组织形式和教学方法等几个方面。这些内容的表达形式（即教案的格式）以简明、扼要为原则，教师可以自己设计和选择采用什么格式，不作统一要求。

一、编写课时计划（教案）的内容及方法

（一）掌握情况，确定课堂任务

教师对自己任课班级学生的人数、年龄、性别、健康状况、体质、体育基础、体育爱好、组织纪律和思想品德等基本情况，应作比较全面的了解，这是确定体育课的教学任务、制定教学组织措施、选择教学方法和确定运动量的基本依据。深入掌握学生情况，才能做到有的放矢，因材施教。

根据教学进度所安排的教材，教师不仅要了解学生对该教材已掌握的程度、原来的基础、技术上存在的问题、学生对教材的学习兴趣和态度，还要了解与本课内容有关的气候、场地等情况。在充分掌握情况的基础上提出本节课在知识、技术、技能，增强体质和思想教育三方面的教学任务。

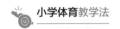

（二）钻研教材教法

1. 钻研教材的精神实质

对教学计划中安排的本课内容，教师要研究它对增强体质和培养道德、意志品质的作用，对人体哪些部位有影响，可以发展哪些素质、可以培养哪些良好的纪律和作风。运用解剖、生理、心理、教育等学科知识去分析教材的精神实质。例如跳单双圈，可以作为一种发展素质的项目，也可作为支撑跳跃、分腿腾越的诱导练习，或作为跳远的辅助练习。当它起不同的作用时，做法、要求也不同。所以，要深入钻研教材的精神实质和教材之间的联系，才能自觉地使用教材，发挥教材的作用。

2. 钻研教学内容的动作要领、重点和难点

每一项技术、每一个动作都有其要领，课前教师要深入掌握教学内容的动作要领，才能抓住关键。例如跳远的踏跳，要强调迅速蹬地，往上提摆，而不是使劲往下蹬踏。每项教学内容都有其自身的技术重点，如跳远，助跑和踏跳是其技术重点。但技术重点不等于教学重点和难点。教学重点和难点要根据学生的情况而定，教师要按课的任务，结合学生掌握技术的情况去决定一节课的教学重点和难点。

3. 研究教法

根据教学任务、教学内容、教学重点和难点，选择辅助手段、诱导练习和教学方法。

（三）安排课的组织顺序

课的组织工作是完成教学任务的一个重要环节。课的组织是否严密，对完成课的任务有重要影响。课的组织工作包括教学内容的安排、分组轮换形式，教学过程中教师的示范、讲解，学生的练习队形、练习顺序，时间分配，运动量的安排，场地器材布置等。教师对上述各项组织措施均要作周密考虑，作出具体安排。在钻研教材教法的基础上，便可开始编写课时计划。

二、编写课时计划（教案）的步骤

编写课的任务环节，课的任务不能太多。小学体育课每节只有40分钟，时间短，所能完成的任务是很有限的。因此，课的任务不能太多，要求不能太高。课的任务要编写具体，不要抽象笼统，否则就不能围绕着明确的任务去安排教学组织和选择教学方法。例如教集合，不能把立正、稍息、看齐、报数都作为一节课的任务，而是围绕着"集合"这个任务去安排教学组织和教学方法，围绕着"集合"去提出要求，而且要求也不能太高，因为"集合"这个集体动作是要通过反复多次的练习才能做好的。所以，一节体育课，或抓一个"快"字，或抓一个"静"字，或抓一个"齐"字，突出一点，见诸成效。经过不断培养，学生才能逐步掌握各种知识技能，培养出优良的作风。

（一）编写开始部分和准备部分

有的教师把开始部分和准备部分合在一起。是分是合，要看课的任务和教材内容。

开始部分为2～3分钟，主要是集中全班学生的注意力，做好上课的准备。在教案中，开始部分的一些常规内容，如师生问好，体育委员报告出勤人数，检查服装，安排见习生等可以不写。但宣布本课任务，思想动员的内容纲要，队列练习或注意事项等则要写入教案。图文并茂，准备部分为7～8分钟，主要任务是从生理上做好上课的准备。活动各关节、韧带和肌肉，提高内脏器官的活动能力和大脑神经的兴奋性，进一步振作精神，做好思想准备，转入基本教材练习。准备运动的项目多是徒手操、轻器械体操等，教案里可写出动作名称，较复杂的动作要写出做法和要领，一般的常用准备活动内容可用图示，免写文字，避免过多地把时间花在写准备部分的内容上。

（二）编写基本部分

基本部分一般约25分钟，是体育课的中心环节，包括教学内容和组织教法。基本部分里教学内容的动作名称、本课要求、动作要领、教学重点、易犯错误等都要一一写清楚。组织教法应根据教学的要求，用文字或图示的方式表述该项内容的练习组织形式、轮换形式、学生分组等。教学方法包括教师讲解、示范，学生的练习顺序和练习方法、练习次数和练习时间，保护与帮助等，要求用文字表述清楚。

小学体育课的基本部分有时同准备部分交叉融合在一起。这是因为游戏占了小学教学的很大比重，而其中有些游戏又可放在准备部分进行。所以，小学体育课往往出现两个部分交叉安排的现象。这样组织教学顺序，既可节省时间，使学生得到更多的练习机会，又可使体育课显得更加生动活泼，符合儿童的特点。

（三）编写结束部分

结束部分约5分钟，主要任务是使人体逐渐转入安静状态，进行课的总结，有组织地结束这堂课。

结束部分所采用的游戏教学应写明游戏的名称、方法和要求。放松运动和一般的柔软性放松练习，在教案里写出动作名称或加图示就可以了。

课的总结，是教师对本课的评定。表扬好人好事，指出缺点，提出进一步的要求，是进行思想教育的重要一环。教师在编写教案时，应根据课的任务和要求，预先提出总结的要点。至于具体内容，则要在教学过程中，教师注意观察、归纳、整理。总结时可启发学生共同提出优缺点，培养学生辨别是非的能力，引导学生进行自我教育，互相学习，互相监督，以提高学习的积极性和执行纪律的自觉性。体育课结束后，教师要及时把本课的教学效果、优缺点、主要经验或教训等写入课后记录，为教学工作积累资料。

附：课时计划范例（见表4-2）。

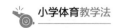

表4-2　课时计划范例

时间	第1周第2节		课型		新授课
教学内容	1.队列队形；2.游戏：曲线跑				
教学目标	1.通过本次课的学习，使学生进一步掌握队列队形的方法与技巧 2.培养学生遵守课堂纪律 3.培养学生变向跑的能力				

课程结构	教学内容	场地	教师活动	学生活动	时间（分钟）	强度
准备部分	一、课堂常规 1.体委整队、师生问好、报告人数、检查服装 2.宣布教学内容和任务 二、准备活动 1.慢跑2圈 2.小型徒手操、专项准备活动	组织： × × × × × × × × ◎ 两列纵队慢跑2圈	1.教师语言要清晰 2.教师讲解课堂要求和任务 3.师生一起慢跑2圈 4.师生做徒手操	1.学生站成两列横队 2.学生认真听队列的要求 3.师生慢跑2圈 4.师生做徒手操动作一致，精神饱满	14	小
基本部分	一、队列队形 1.集中注意力 2.快快集合 3.稍息、立正、向右看齐 4.变换队形 重点：动作自然，协调准确 难点：重心前后稳定，节奏一致	× ◎	1.教师讲动作方法和要领 2.教师做正确的示范 3.教师个别指导 4.找学生做示范	1.学生认真听动作方法和要领 2.学生练习 3.学生分组练习 4.动作一致，精神饱满	18	中
	二、游戏 曲线跑规则：必须站在起跑线后，拍手后才能起跑。不得碰到标杆，如碰到扶起后才能继续跑	⊗ ⊗ ⊗ ⊗ ⊗ ⊗ ⊗	1.教师讲解游戏方法和规则 2.教师做正确示范 3.教师评定胜负	1.学生认真听游戏方法和规则 2.学生练习和比赛 3.学生分组比赛	10	中
结束部分	一、放松 二、总结 三、下课		1.教师总结本次课的情况 2.下课	1.认真听讲，情绪饱满 2.下课	3	小

第五节　体育课成绩考核

一、构建体育课成绩考核评价体系的意义

体育课成绩考核评价是体育教学的重要组成部分，它对于促进学生学习、提高体育教学质量具有重要意义。在传统的体育课成绩考核评价中，所采用的评价基本上是一种终结性评价，关注的是运动知识和技能的掌握程度。它的基本特征是在公平、公正的基础上，用统一的评价标准对学生进行运动成绩考核的一种评价方法。常常是教什么考什么，评价内容与教学目标脱离。只有少数的学生学习成绩优秀，多数人只能获得中等的学习成绩。一些学生天天认真学习，刻苦训练，但从来没有取得过好成绩；而有的学生单凭自己身体素质好的先天优势，即使从没有好好地上过体育课，也同样能取得优异的体育成绩。由此可见，它既不能全面地反映学生学习的结果，也不能很好地发挥促进学生积极学习的作用，反而容易挫伤由于遗传等客观原因造成的运动技能学习等方面存在困难的学生学习积极性，很多学生因此不愿意参加体育运动，因为他们大多数人不能从运动中获得成功的喜悦，体会到成功的乐趣。

因此，如何更好地创造良好的育人环境，科学合理地评价学生的体育课成绩，使评价成为促进学生更好地进行体育学习和积极参与体育活动的有效手段，逐步建立起一个有利于学生发展和体现"健康第一"指导思想的评价体系，是我们每一个体育教育工作者所面临的重大课题。

二、《义务教育体育与健康课程标准》（2022年版）对体育评价的论述

《义务教育体育与健康课程标准》（2022年版）在课程评价的论述中，对学生的学习评价做了翔实的论述，就学生学习成绩的评定提出了具体的要求。就学生学习成绩评定的内容、学习成绩评定的标准、学习成绩评定方法与评定形式上应遵循的原则都作了规定。不太强调评价与遗传因素相关较大的体能等，比较强调评价与教学过程较为相关的态度、行为；不太强调评价体育与健康知识的记忆，比较强调评价对体育与健康知识的理解和运用；不太强调评价单个运动动作掌握的水平，比较强调评价运动技术的运用；不太强调仅评价最终成绩，比较强调既评价最终成绩，又评价学习过程；不太强调由教师进行外部评价，比较强调学生在学习过程中的自我评价、互相评价和教师评价相结合。

三、确立体育课成绩考核评价依据与策略

评价的目的，不是给出学生在群体中所处的位置，而是让学生在现有基础上谋求实实在在的发展，并通过体育课成绩评定，使学生形成自我认识和自我发展的能力，并努力改变现行体育课程的评价中过分强调运动成绩的现象，发挥体育课成绩考核评价作用，

发现和发展学生各方面的潜能，以学生为本，了解学生在发展中的需求，帮助学生认识自我、建立自信，不断发展体育课成绩考核评价的功能，为学生的全面发展打下良好的基础。积极地了解学生的学习情况与表现，以及达到学习目标的程度、个人的努力程度。对于学生学习过程中在体能、技能、行为、态度、人际交往等方面表现出来的不足，认真地查找和仔细地分析，努力改进教师的教和学生的学。多为学生提供展示自己能力的机会，不断鼓励和促进学生的进步与发展，让学生大胆地尝试和体验在体育活动中获得成功的乐趣与喜悦。通过评价，培养学生自我认识、自我教育的能力，并对自己有一个清醒、正确的认识，以便发扬长处，弥补不足。鼓励学生积极上进，提高学习兴趣，激励学生的学习热情，掌握必要的基础知识，培养良好的体育保健习惯，促进学生身心和谐发展。

四、实施体育课成绩评价方法的几点建议

评价不是为了排序，而是为了促进发展。"没有最好，只有更好"，我们在体育教学中应重点考查学生的学习态度和在实际实践活动中的主动性、自觉性、积极性，考查学生是否能刻苦锻炼，学习方法是否灵活，是否具有创新意识。多一把衡量的尺子，就会多出一批好学生。在实际教学中，应遵循以下几种建议，对学生进行学习评价。

（一）体育课评价要坚持在学生的学习过程中随时评价

要让以往体育课的终结式评价向过程式评价转变。以前，有些教师用事先评价来进行教学评价是有预备性的，是在调查的基础上进行的评价，这不是一种真正意义上的评价。

1. 每一节课都应该评价，但每一节课的评价都是不一样的

总体来说，我们首先要有一个完整的教学单元的观念，单元前、中、后的评价都应不一样，在评价的方式和评价的内容上都应有所不同。单元前半部分课的评价不要太多、太密，因为此时教师还需要进一步地观察，学生也在不断地努力中变化着，这时如果过早地对学生进行评价，可能会使评价结果不准确，也会因此降低学生的学习兴趣。评价不当还会降低体育教师的威望。因此，在一个单元的学习过程中，评价的量应该是逐渐增加的，频数也应逐渐增加。

2. 体育成绩的评价应该是由教师和学生共同来完成的

在单元开始阶段，首先应该由教师进行评价，以起到正确引导评价的作用。其次，在单元开始后，逐渐让学生进行一定的"自我评价""相互评价""组内评价""班级内部评价"，并呈现出教师的评价逐渐减少、学生的评价逐渐增多的趋势。

3. 评价的内容应根据教学单元的发展有所变化

在单元的开始阶段，学生的技能还没有成熟，正处在熟练和定型期，此时对学生的运动技能不宜作过多、过细的评价，应对学生的运动技能方面进行更多的技术指导，不

要在学生学习的初始阶段，就对学生尚在泛化期的技能过多地品头论足，这时教师的评价重点应放在学习的态度、练习的行为和积极性上。而在单元的后期，则可以以运动技能的评价为主要内容了。

4. 采用多样性的评价方式进行评价

在单元的开始阶段，评价的方式应以教师口头为主。而"教师课中口头评价""学生口头相互评价""教师课后书面评价""学生课后书面评价"等几种评价方式可在单元的后期，在教师与学生之间采用。这样的评价会更有深度，也更适合多项运动技能的评价。

（二）体育评价应进行比较综合的评价

在实际教学中，我们应将体育评价由单一型运动技能向综合体与素质评价方面转变。传统的体育评价是以运动技能为主要评价的，但运动技能在很大程度上是与人天生的身体素质和运动神经类型有关的。如果我们只注重运动技能的评价，那么，我们就会使一部分学生不努力也会成功，而还有一部分学生无论怎么努力也无法成功。因为在实际生活中，一个身体素质好的学生，即使一节体育课都不上，也能达到及格的成绩，而有的学生无论怎么努力也达不到及格的成绩。因此，无论从素质教育的角度出发，还是从教育公平性的角度出发，作为体育教育工作者，都应面向不同的学生，对其进行综合的体育成绩评定。在体育课成绩考核中，应关注以下几方面的内容。

1. 关注学生的平时学习态度和学习态度的转变

关注学生的学习态度和学习积极性。在传统的体育课评价中，虽然我们已经注意到了这部分的评价，但我们用的指标只是出勤率，是一种终结性评价指标。应加强对学生平时的学习态度和学习态度的转变等的考评，来评价学生的体育课学习状况。

2. 重视学生的体育行为的评价

学生的体育行为要规范，重视对学生体育行为规范的评价，并将教学目标落实到学生的具体行为上。

3. 加强对学生个体的相对评价

关注学生的同等进步程度。从体育教学实际出发，积极关注对学生个体的相对性评价。对不同起点的学生的进步及进步程度制定评价方案，并力求以细致深入的研究体现每一名学生的进步价值。

4. 关注学生对体育的爱好度

学生在学习体育后，是更加亲近体育，还是更加远离体育，实际上是体育评价的一个综合性指标。如果学生在学习后更加喜欢体育和体育课了，说明教师教得好，学生的技能也会有进步，在教学中的师生关系及同学们的合作会很融洽。我们应该以学生为中心，这方面的评价内容应引起体育教育工作者的重视。

5. 关注学生之间的交往和融洽度

这是一个具有社会适应方面意义的评价指标，也是体现体育教学任务和体育学科特

殊功能的重要方面。学生在体育学习时，能否与人合作，能否善待他人，能否帮助和公正评价同学，能否在学习过程中遵守纪律，能否愉快地与别人一起运动，能否与人顺利地交流，都是我们在体育课成绩评价时应重视的内容。

6. 关注体育知识度和思维能力

体育是一门与知识和思辨能力有关的学科，教师应该经常提出一些有深度、有价值的问题让学生思考，不断提高他们对与体育有关的社会现象、社会问题进行关注和思考的能力，并在关注和思考中加强他们的体育素养，并增强洞察问题、认识问题、解决问题的能力。这类评价可以用口头和书面的方式来进行，也可以用考核的方式来进行。但这类评价的前提条件是对有深度的问题的选择和组织。

（三）提倡更多地使用个体相对评价

体育评价应由绝对评价向个体相对评价转变。传统的体育评价常用班级内的相对评价，即根据学生在一个班级里所处的地位进行评价的方式。这种评价方式具有一定的副作用，因为与邻近的学生进行对比，会使学生产生差别意识，如果使用不当，会使一些学生产生反感，失去学习的积极性和动力。因此，在实际教学中，我们应更多地使用个体相对评价的方法。

（四）对学生进行体育课成绩评价方式的建议

1. 全面评价

改变以往教学中主要是体育教师从外部对学生的学习结果进行考核的形式，应依据5个学习领域制定一份科学合理的评价表，从各方面全面评价学生。

2. 过程评价

开学初就应对学生某些方面的能力进行测试，了解每个学生的起点。经过一学期的学习，学期末再进行一次测试，看看通过学习是否进步、进步多少。这种评价是建立在原有基础上，使学生有充分的发展，得到新的提高。

3. 指导学生进行自我评价与相互评价

给学生机会，让学生对自己的学习情况进行评价，引导学生相互评价。这种评价一方面可以使教师更好地了解学生的学习情况，同时，自我评价、相互评价还能加深学生对体育课程学习内容的更多把握，有助于学生对学习活动的自我期待，提高学生自学、自练、自评的能力，增加学生之间交往的机会。

将这几种评价方式综合起来，能全面、具体地对学生进行评价，但其也有弊端，这种评价方式增加了体育教师的平时工作量。如何制定一种既简便又科学的评价方式，将有待教师在教学中实践探索。

《体育与健康教学大纲》与《义务教育体育与健康课程标准》（2022年版）都在体育评价方面作了很大的改动，这意味着体育评价的思想在产生着很大的变化。那么，未来的体育评价实践也将会有较大的变革，使体育课成绩评价真正从终结式、筛选式的评价变成过程和鼓励的评价，真正使学生和教师在这种评价中更容易、更积极地接受和进行体育教学。

课后作业

　　根据小学《体育与健康教学大纲》，编写一个学期教学工作计划（教学进度）。

第五章 课外体育活动和运动竞赛

　　课外体育活动是学校体育工作的重要组成部分，是完成学校体育目的和任务的重要组织形式。学生正处在长身体的时期，每周几节体育课的运动量是远远不够的，还要使课内与课外结合，实现每天平均锻炼一小时的要求，才能很好地完成学校体育教育的目的和任务。因此，在上好体育课的同时，还要积极地开展课外体育活动。课外体育活动的形式有课间操、班级体育活动、运动训练和运动竞赛等。

第一节　课间操和班级体育活动

一、课间操

　　课间操一般安排在每天上午第二节课后进行。它能使学生获得积极性的休息，消除疲劳，增进健康，还能激发学生愉快的情绪，从而精力充沛地投入下一节课的学习。由于课间操是每天一次的全校性活动，它最能反映学校的校风和学生的精神面貌。因此，上好课间操，提高做操质量，不仅是增进健康的需要，也是对学生进行教育、培养优良作风的重要措施。

　　课间操的内容除了广播体操以外，还可以根据需要和季节的变化，安排脊柱弯曲防治操、跑步、游戏、集体舞等简单易行、多种多样的体育活动。

　　课间操是学校作息制度中学生进行体育锻炼的组织形式，每个学生都应该参加。一般采用合操或分操两种方式，合操是指全校或年级集中做操，分操是以班级或小组为单位做操。合操便于统一领导指挥、检查督促、相互学习促进，但是需要较大的场地，不易保证做操质量，在内容、方法和运动量方面难于分别对待。分操组织调动灵活，节省集合时间，不需要很大的场地，能够根据不同对象的特点分别对待，便于管理，有利于培养骨干。做操时还可以采取分操与合操相结合的形式，平时分操注意提高做操的质量，定期合操进行检查评比。具体采用哪种形式，应该根据学校场地条件和实际需要而定。

二、班级体育活动

班级体育活动是在课外时间以班级和小组的形式进行的体育活动，它是体育课的延续和补充。

班级体育活动的内容有：复习和巩固体育课中所学的基本技术和技能；《国家体育锻炼标准》儿童组项目；根据地区和季节特点开展的群体活动，如象征性长跑、拔河、跳绳、跳皮筋、踢毽子；集体游戏和各种比赛等。要尽可能多地吸引学生们参加。

班级体育活动应在班主任的领导下，体育教师的具体指导下，体育干部和体育积极分子积极协助，以班级或小组进行。低年级学生要在班主任或体育教师的直接领导下活动。中、高年级学生可以按性别、体质、爱好分组，也可以结合体育课小组或学习小组进行活动。除了分组活动以外，有些活动，如爬山、集体游戏、游泳等，还是应以班级为单位进行。要注意选择表现好、有一定体育基础和组织能力的学生担任小组长。体育教师或班主任要帮助小组长和同学一起制订好锻炼计划。

班级体育活动的时间应每周不少于两次，每次一课时左右。为了使学生每天都有机会锻炼，应该把体育课和课外体育活动错开安排。积极落实教育部、国家体委、卫生部《关于进一步加强中小学体质健康管理工作的通知》，把两节体育活动时间列入课表，其他课程不得随意占用。

要做好学校体育工作，特别是班级体育活动，关键在于领导的重视、体育教师的积极工作、班主任的有力配合以及做好宣传教育工作等。具体要求做到以下几点。

（一）学校要加强对课外体育活动的领导

学校要提高认识，成立专门组织或指定专人负责，发动全校员工都来关心学生的健康，关心体育工作；要组织多方面（体育教师、班主任、少先队辅导员等）的协作和配合；要保证体育锻炼时间和必要的物质条件。

（二）体育教师要扎扎实实地做好本职工作

体育教师要当好学校领导的参谋；要联络各方都来支持体育工作；要具体解决锻炼时间、内容、场地器材、培养干部等方面的矛盾和困难。

（三）要充分发挥班主任的积极作用

班主任是班级体育活动最有权威的组织者和领导者，是体育教师进行体育工作最得力的合作者。班主任应该统筹兼顾、合理安排、具体组织领导。体育教师也应该主动协助、积极指导，共同做好班级体育工作。

（四）要积极宣传体育活动

积极做好宣传教育工作，不断提高学生对体育的认识，培养典型，总结推广经验，对体育锻炼给予积极的鼓励和科学的指导。

第二节　运动训练

运动训练是小学课外体育活动的一种形式，也是贯彻普及与提高相结合方针的一项具体措施。它是在普及的基础上，将少数体质好、对体育活动有兴趣、有一定运动专长和培养条件的学生组织成运动队或运动小组，在全面锻炼身体的基础上，学习某一专项运动的基本技术，以进一步增强他们的体质，培养运动的爱好，为继续提高运动水平打下良好的基础。搞好学校运动队的训练，可推动学校群众体育运动的开展，同时对提高我国竞技运动水平具有重要意义。所以，要抓好小学的业余训练，为国家培养优秀运动员的后备力量。

一、运动训练的设置要求

学校在选择运动训练的项目时，应根据地区运动项目的布局、学校的传统、师资力量、少年儿童的年龄特点和场地器材的条件来确定。一般项目不宜过多，最好集中精力，扎扎实实抓好一两个项目。田径是各项运动的基础，凡是有条件的学校，都应该建立田径运动队。

训练的内容除了复习、巩固、提高体育课所学的内容以外，还可以根据学生的爱好和特长，选择一些适合学生年龄特征和身体训练水平的项目，重点是进行身体全面训练和基本技术训练。训练中不能只练专项，应该随着身体训练水平的提高，逐步增加专门化的内容。练习中要采取少年儿童喜爱的内容和形式，如游戏和竞赛等多样化的手段。运动量要严格遵循适量和逐渐增加的要求。在增进学生健康的前提下，使学生全面提高身体素质，学习和掌握多种运动技能，为进一步提高技能打下良好的身体和技术的基础。

体育教师应负责运动队的领导、组织和教练工作，也可以聘请有某项体育专长的其他教师担任该项的教练工作。

运动队一般应吸收那些表现好、学习努力、身体健康、有一定专长和培养条件的学生参加。但对于个别表现和学习较差的学生，也要从教育着眼，适当吸收，通过满足其兴趣，发挥其所长，同时加强思想教育，帮助和督促其文化学习，逐步把他们变为德、智、体全面发展的学生。

运动训练的时间一般安排在早锻炼和下午课外活动时间进行，每周下午训练2～4次，每次约一小时，还可以利用节假日、寒暑假进行。训练时间不宜过长，次数不宜过多，运动量不宜过大，以免影响文化课学习。对于学习和表现很差的学生，应酌情减少训练次数或停止训练。

二、运动训练的注意事项

（一）要全面关心学生的成长

不能只管技术而忽视学生的思想，只管运动成绩而忽视学生的文化学习，也不能只管运动量而不顾学生的健康。

（二）要正确处理普及与提高的关系

学校体育活动要面向全体学生，以普及为重点，以增强体质为目的。不能只抓训练，放弃群体。在时间的安排、指导力量的配备、场地器材的分配上都要妥善安排。

（三）要抓好运动队的组织工作

组织工作是使运动训练不间断进行并取得成效的保证，特别是田径等比较单调的项目。要加强教育、善于吸引、培养骨干。要建立必要的制度，并严格训练、严格要求。

（四）要防止训练中的过早专项化

国内外一些资料认为，开始专项训练的适宜时间是：体操、游泳10～11岁；短跑、跳跃13～14岁；耐久跑15～16岁。不要为了"挤"成绩而过早进行专项化训练。过早专项虽然能暂时取得一定的效果，却可能损害学生的健康，甚至断送运动员的前途。如有的儿童、青少年，过早、过多地进行了无氧耐力训练，心肌力增强，成绩迅速提高，但是，成绩只是昙花一现，因为心肌壁增厚，心腔变小，容量减少，成年后就不可能成为优秀运动员。

第三节　运动会

小学的运动竞赛，是小学课外体育活动的一种组织形式。通过运动竞赛，可以吸引广大学生积极地参加体育活动，巩固、提高其在体育课中所学到的知识和技能，保证学生的全面发展，提高运动技术水平，培养学生的组织性、纪律性、对集体的责任感和荣誉感以及勇敢、坚强、不屈不挠的优秀品质。

运动竞赛的种类很多。在小学经常举行的有运动会、球类比赛和单项比赛。

在学校工作计划中，一般规定每学期或每学年举行一次运动会。例如秋季运动会、春季运动会。

运动会的竞赛项目，除了小学体育教材中的一些主要内容，如走、跑、跳跃、投掷、简单的器械体操等外，还有各种集体项目的比赛和表演，如接力赛、游戏、叠罗汉、集体舞和团体操等，以便吸引更多的学生参加。

运动会的分组要根据学校的具体情况而定。例如，可以按年级分为低年级组（一二年级）、中年级组（三四年级）和高年级组（五六年级）。从中年级开始，男、女生应分组进行比赛。例如，男生中年级组、女生中年级组。如果同年级学生的年龄相差很大，还应该按性别、年龄分组。

举行运动会时，最好是选晴朗无风的天气。进行的时间不宜过长，一般以半天为宜。

运动会要举办得简朴而隆重，有节日的气氛，使运动会收到预期的教育效果。

运动会要按照计划进行工作。特别是在校外或校内举行的规模较大的田径运动会，或以田径项目为主的综合性运动会，筹备工作更为重要。最好成立一个筹备委员会，筹备委员会机构的大小，要视运动会的规模而定。筹备委员会在校长的领导下，应进行两个方面的工作：秘书工作和竞赛工作。秘书工作包括总务、宣传、医务、审查等；竞赛工作包括编排、裁判、场地、评选等。如果需要的机构规模大，可设处，处下再分组；如果机构的规模小，可以只设组，甚至有些工作还可以兼任。筹备委员会应该制订工作计划。计划中包括各项工作的内容、进度、负责人、预算等有关事项。

筹备委员会在举行运动会前，还要做好以下两件重要工作：制定竞赛规程和编排竞赛秩序。

一、制定竞赛规程

竞赛规程是运动会的指导文件，各方面的工作都要根据竞赛规程来进行。竞赛规程要简单、明了，使每一个参加者都能理解。它的主要内容包括：目的、任务、时间、地点、参加单位、项目、组别、参加办法、记分办法、奖励办法、比赛规则等。这些内容并不是一成不变的，应根据实际情况来制定。一般应在运动会前一个月（甚至更早）公布竞赛规程或摘要公布。现以"××××年××市小学生运动会的竞赛规程"为例，具体如下。

××××年××市小学生运动会竞赛规程

一、目的

运动会的目的是检阅学生的体育成绩，调动学生参加体育锻炼的积极性，促进体育运动的发展。同时，通过运动会丰富学生的文化生活，活跃学生的情绪，培养学生互助、合作、团结、友爱、集体主义精神和组织性、纪律性、勇敢、坚毅等道德品质。

二、时间

××××年10月12日。

三、地点

×××体育场。

四、参加单位

凡本市各区、县范围内的公立小学、直属小学，机关厂矿、企业附属小学和民办小学身体健康的学生，均可报名参加区、县级的选拔赛。被区、县选为代表队的，可报名参加大会。

五、项目及组别

1.田径项目

（1）男子甲组（13周岁至未满15周岁）50米、100米、400米接力，跳高，跳远，手榴弹（重300克）。

（2）女子甲组（年龄、项目同男子甲组）。

（3）男子乙组（11周岁至未满13周岁）50米、200米接力，跳高，跳远，垒球掷远。

（4）女子乙组（年龄、项目同男子乙组）。

2.集体竞赛项目

（1）甲组（混合队，每队30人，男女生各半数，年龄10周岁至11周岁）。

①40米障碍穿梭跑（由起点线跑到10米的地方，踏跳30厘米高的体操凳，继续向前跑到10米的地方，再钻过75厘米高的低栏，再向前跑到10米的地方，跳过40厘米高的横竿，再继续向前跑到10米的地方拍本队第2人的手，第2人用同样方法继续）。

②投、跳、跑（每队排头拿重0.5千克的沙袋，投向前面3米的地方直径80厘米的圆圈，投中后迅速向前跑到10米的地方的直径1米的圆圈内，拿起短跳绳跳5下后，继续向前跑到8米的地方绕小旗跑回来，将直径80厘米圆圈内的沙袋拾起，交给本队第2人。第2人用同样方法继续）。

③40米穿梭接力赛跑。

（2）乙组（混合队，每队30人，男、女生各半数，年龄9周岁至10周岁）。

①30米穿梭接力赛跑。

②跑得快、跳得好（由起跑线跑到15米的地方，在直径1米的圆圈内，拿起短跳绳跳3下，再跑回原地拍第2人的手。第2人继续进行）。

③快快跳起来（各队前2人拉着绳向后跑，使绳从本队每人的脚下通过。当绳子到每人脚下时，就快快跳起来。到排尾后，第1人站在排尾，第2人拿绳跑回排头，与第3人拉着绳子向后跑。如此继续进行）。

3.集体表演项目

（1）少年广播体操（第五套）由三四年级学生参加（以四年级学生为主），男、女生各半，每区限300人。

（2）棒操（一套）由五六年级学生参加（以六年级学生为主），男、女生各半，每区限300人。

（3）除以上两项外，还可自由创造多种多样的团体操。参加方式以区、校或数校联合的形式，人数至少300人。

六、参加办法

1.各区每组参加田径项目，每项最多不得超过3人。

2.田径项目各区甲、乙组运动员每人限报两项（可兼报接力）。

3.各区男、女各组接力限报1队（男子组每队最多报6人，女子组每队最多报8人）。

4.各区参加集体竞赛项目，最多不得超过2队。

5.集体竞赛项目，甲、乙组运动员每人只能参加1队。

6.各组运动员均须经过检查，证明身体健康适于参加竞赛者方可报名。

七、计团体总分办法

1.名次：7、6、5、4、3、2、1记分。

2.接力名次：按单项名次加倍计算。

3.并列名次者，按应得分数平分（如两个第一名，应以7分加5分除以2，即得每人分数。不再有第二名）。

4.以各组运动员各项得分之和计算团体总分。如分数相等，则以第一名多者名次列前。如再相等，则以第二名多者名次列前，以此类推。

八、录取名额及奖励办法

1.田径项目

（1）男子甲、乙组和女子甲、乙组分别计算团体总分。各取前3名，授予团体奖。

（2）接力各取前六名，各授予参加比赛运动员奖章1枚或奖状1份。

（3）运动员成绩达到少年级标准时，由组织处授予奖状1份（限13至15周岁的运动员）。

（4）各项竞赛的前六名运动员都分别授予奖章或奖状。

2.集体竞赛项目

各组各项取前6名授予团体奖。奖状1份。

3.集体表演项目

集体表演时进行评比，按名次授予纪念奖。奖状1份。

九、报名日期、地点和手续

1.××××年9月26日、27日上午8时至下午5时在大会组织处报名。

2.参加单位须提交2份大会制定的统一报名单。

十、比赛规则

采用国家体委审定的田径规则。

十一、其他

本规程如有未尽事宜，由大会组织处修改补充。

学校运动会也要写出规程，除参照以上范例规定的各种内容外，分组办法、比赛项目、奖励办法等都可以根据小学的实际情况确定。

二、编排竞赛秩序

要正确计算参加的人数和比赛时间，制定竞赛秩序，如 × 年级 × 班竞赛秩序单（范例，见表5-1）。

表5-1　竞赛秩序单

领队＿＿＿＿＿教练＿＿＿＿＿　　　　　　　　　　　　　　　　年　月　日

大会编号	本班编号	运动员姓名	年龄	参加项目						备注
				60米短跑	100米短跑	跳高	跳远	掷垒球	400米接力	
	1	×××	12							
	2	×××	11							
	3	×××	12							
	4	×××	10							

注：大会编号栏由筹备会填写。

举办成功的运动会，能起到很大作用。秩序编排得好，能提高运动员的成绩，使裁判员和其他工作人员有条不紊地进行工作，观众保持高涨情绪。但是，在项目较多的运动会上，编排竞赛秩序是一项细致的工作。必须事先研究好竞赛规程，学习和掌握各项比赛的规则、性质、特点（如每一项比赛所需的时间，各项比赛的间隔时间等），了解场地、设备、器材数量和报名人数等情况，然后进行编排。

（一）注册

对各单位的报名单（报名单应分班级、性别、组别填写，这样便于编排）进行审查，审查其是否符合竞赛规程。

（二）编排号码

按各单位报名次序（也可以采用其他办法），在报名单上编排每个运动员的号码。然后编排运动员姓名、号码对照表（范例，见表5-2）。

表5-2　男、女运动员姓名号码对照表

年　月　日

五（1）班201—230

201×××，202×××，203×××，

_____

_____

五（2）班231—259

231×××，232×××，233×××，

_____

_____

（三）编组

编组的目的是使分跑道比赛的项目尽量公平合理。编组是根据场地（如有多少条跑道）、设备、裁判和参赛人数来进行的。

在编组前，要先统计参加各项目的运动员的人数，统计后再进行编组。编组的方法是：以跑道数除以参加该项目的人数，同时要考虑各组在比赛时录取人数的多少和是否符合决赛的人数（范例，见表5-3）。

表5-3　各项目运动员人数统计表

年　月　日

项目	性别	五（1）班	五（2）班	六（1）班	六（2）班	共计人数	预赛组数	复赛组数	决赛人数	备注
60米	男									
	女									
100米	男									
	女									
400米接力	男									
	女									

表5-4　径赛记录表

子组项目赛第　组　年　月　日

道次	1	2	3	4	5	6	7	8
运动员号码	×××	×××	×××	×××	×××	×××	×××	×××
名次								
成绩								

裁判长_____记录员_____

编组时应注意下列几点：①在决赛前的比赛中，如预赛、复赛等，尽量不把同一单位的运动员编在同一组内；②把已经知道的成绩优秀的运动员（就是所谓"种子"运动员），分配在决赛前的各组内。③一般短距离跑、跨栏跑的项目都要分组。田赛项目和中长跑等一般不分组，但必要分组时也要注意上述两点，把已分组和不分组的运动员姓名，按性别、项目分组（见表5-4）或不分组（见表5-5、表5-6）誊写好（检录），以备比赛时点名、记录成绩等。在比赛时，报告各项比赛成绩可以采用表5-7的格式。

表5-5　田赛高度记录表

子组项目赛第　　组　年　月　日

运动员号码	高度							成绩	名次

裁判长_____记录员_____

表5-6　田赛远度记录表

成绩号码	预赛			预赛最好成绩	决赛			决赛最好成绩	名次
	第一次	第二次	第三次		第一次	第二次	第三次		

裁判长_____记录员_____

表5-7　比赛成绩表

名次	1	2	3	4	5	6
号码						
姓名						
班级						
成绩						

道次（跑道的行位），一般是在比赛前集合运动员点名时，由检录员主持抽签决定。决定之后不得更改。但是，为了节省时间和手续，比赛的道次可以由筹备会事先代抽决定，不过在竞赛规程中要说明。

表5-4的用途是：①分组比赛的项目编组；②比赛前集合运动员点名；③起点裁判检查；④终点裁判记录成绩、名次。

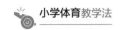

以上注册、编排号码和编组等工作，如果运动会的规模不是很大，有些表格可以省略，或综合以上表格。

（四）编排比赛日程和秩序

比赛的日程和秩序是运动会一切项目比赛的依据。编排时应注意下列几点。

第一，详细了解场地、设备、裁判员的组织情况。

第二，考虑运动员参加项目的情况（如兼项等）；径赛各项目的赛次尽量隔开，照顾运动员的身体，使他们有足够的时间休息。

第三，估计开幕式、闭幕式和各项目比赛所需要的时间。各项目比赛所需的时间应从场地情况和裁判员的人数等去考虑。具体是从各项目在每赛次所需的时间或每组比赛所需的时间估算得来的。有些项目如跑和投掷，可以在不同的场地同时举行比赛。

第四，不同组别或不同性别的、项目相同的径赛，尽量连排在一起。例如，男子100米和女子100米可以连排在一起。

第五，适当地安排费时间的项目和需要临时布置场地的项目，如障碍跑等。

考虑和准备好上述各点后，就可以编排秩序表。下面举一秩序表的范例。

秩序表

×月×日

上午

开幕式8：00～9：00

（团体操表演8：30～9：00）

各项比赛

径赛

1.男子60米预赛9：00（共×组，每组取×名，西跑道）

2.女子60米预赛9：15（共×组，每组取×名，西跑道）

3.……

田赛

1.男子手榴弹预决赛9：00（东投掷场，共×人，取×名）

2.女子推铅球预决赛9：00（西投掷场，共×人，取×名）

3.……

（五）检查

把以上的注册、编排号码、编组、编排日程和秩序等工作进行详细检查、校对，看编排得是否合适，有没有遗漏或重复等。

（六）编制秩序册

规模小的运动会，不必编秩序册，只需撰写必要的程序和有关运动会的各项规定并公布。规模大的运动会，最好编秩序册，发放给有关人员，使各方面的工作能协调配合进行。秩序册由领导批准后印刷。其主要内容如下（范例）。

- 运动会的组织，裁判员和工作人员名单。
- 开幕式和闭幕式程序。
- 竞赛规程和各项须知。
- 比赛日程秩序表和竞赛分组号码表。
- 各单位领导、教练姓名和运动员姓名号码对照表。
- 特殊项目的比赛办法和规则。
- 会场图和场地布置简略说明。
- 各运动项目的全国、全省、全市、全县记录表。

筹备委员会除了做好上述两项重大的工作外，还有聘请裁判、准备场地器材、准备奖品、宣传鼓动、组织观众以及一些其他工作，都要在运动会开幕前做好。

三、举办运动会的注意事项

各种准备工作都做好后，就可以举行运动会了。运动会的项目竞赛应按照规则执行，同时还应注意下列各点。

第一，维持好秩序。一定要有专人维持秩序。最好划出观众参观的区域，特别是危险性大的项目，应禁止观众进入。

第二，使竞赛进行得紧凑。秩序表的计划和实际比赛所需的时间可能有所出入，要适当进行调整。比赛项目间歇的时间太长，会影响观众情绪。

第三，编排下一赛次的组径赛预赛完毕的项目。特别是短距离跑，前一次比赛完毕后，应迅速编排下一次比赛的组（可用表5-4）并公布。

第四，及时公布竞赛成绩。可用纸或黑板报书写公布，或用扩音器公布。

第五，临场的宣传教育。以不影响竞赛进行为原则。

四、运动会结束后的工作

在运动会结束后，有以下几件重要工作。

第一，整理运动成绩和纪录，如果条件许可，最好制成表格（范例，见表5-8）。

第二，每届运动会的成绩纪录都应保存下来。

第三，交流经验。根据情况，可以在运动会期间举行，也可以不举行。

第四，总结应包括所取得的运动成绩和各班所得的成绩（分数）。如果条件许可，最好制作成表格（范例，见表5-9）。

第五，清理用具。

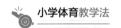

表5-8　xx小学第x届运动会男、女子x组各项成绩记录表

项目	第一名			第二名			第三名			纪录	备注
	班级	姓名	成绩	班级	姓名	成绩	班级	姓名	成绩		
60米											
100米											

表5-9　xx小学第x届运动会各班得分总表

年　月　日

班级	性别	60米			100米			得分	总得分	名次	备注
		1	2	3	1	2	3				
1班	男	⑤			⑤			10	14	1	
	女			①		③		4			
2班	男										
	女										

　　注：1.项目下面的1、2、3是名次。圆圈和圈内的数字表示取得该项的名次和分数。例如，1班男生在60米1的下面有一个⑤，就说明该班男生获得60米第一名并取得5分。得分栏下是获得分数的总和，如1班男生获得10分，女生获得4分，则共获得14分。

　　2.如果在男、女生中还有分组的话，应先统计各班在各组的得分。

第四节　球类比赛和单项比赛

一、球类比赛

　　小学的运动竞赛经常有球类比赛，如小足球、小篮球、儿童手球、乒乓球等。由于球类比赛所需要的场地器材、裁判员等一般比田径赛少，因此，在比赛前只需要定简单的竞赛规程，准备好场地器材，组织裁判员。但是，用什么办法进行比赛，应考虑到比赛时间、场地设备、裁判员、气候、参加比赛的队数等方面，并编排好比赛的秩序。超过三队的球类比赛，编排秩序经常采用循环制或淘汰制。

　　（一）循环制

　　循环制比赛花费的时间较长，但是比赛的机会多，名次也比较公平合理。如果参加比赛的队伍数量不多或有充足的时间，最好用这种办法。

循环制分两种：单循环制和分组循环制。

1. 单循环制

单循环制计算比赛的轮数和场数循环制是分轮比赛的，每轮中包括若干场。

根据参加比赛的队数计算比赛的轮数。如果参加比赛的队数是双数，则比赛的轮数是队数减1。例如，参加的队数是6，那么比赛的轮数是6－1＝5。如果参加的队数是单数，则比赛的轮数和队数相等。例如，参加的队数是5，那么比赛的轮数也是5。不过，当参加比赛的队数是单数时，每一轮比赛都有一队暂时休息（轮空）。

计算比赛的场数可用下列公式：

$$比赛场数 = \frac{队数 \times (队数 - 1)}{2}$$

如果只举办一种球类比赛，也可以说是单项比赛。

计算好比赛的轮数和场数后，就可以根据参加的队数编排比赛的轮次和场次了。编排的方法一般有一队不动和每队都动两种。

例如，参加的队数是6，则轮次和场次如表5-10（一队不动）。

表5-10 轮次和场次（一队不动）

第一轮	第二轮	第三轮	第四轮	第五轮
1-6	1-5	1-4	1-3	1-2
2-5	6-4	5-3	4-2	3-6
3-4	2-3	6-2	5-6	4-5

例如，参加队数是5，则轮次和场次如表5-11（每队都动）。

表5-11 轮次和场次（每队都动）

第一轮	第二轮	第三轮	第四轮	第五轮
1-0	5-0	4-0	3-0	2-0
2-5	1-4	5-3	4-2	3-1
3-4	2-3	1-2	5-1	4-5

注：和0相对的队就是"轮空队"。

比赛的轮次和场次草表排好后，就可以叫各队抽签（或由筹备会代抽）。例如，参加的队数是6（五年级和六年级各三个班队），则做6个号码（1～6号）的签，抽到1的，就排到1号位置，抽到2的就排到2号的位置，其余类推，就可得出具体的比赛轮次和场次了（范例，见表5-12）。

表5-12　具体的比赛轮次和场次

第一轮	第二轮	第三轮	第四轮	第五轮
六（1）—五（3）	六（1）—五（2）	六（1）—五（1）	六（2）—五（2）	五（3）—五（1）
五（2）—六（3）	六（3）—五（1）	六（2）—六（3）	五（3）—六（2）	六（1）—六（3）
六（1）—六（2）	五（1）—六（2）	六（3）—五（3）	六（2）—五（3）	五（1）—五（2）

最后，根据轮次和场次，就可编出比赛秩序表。秩序表包括比赛的时间、地点和裁判员（范例，见表5-13）。编排时应注意每队的比赛不要过密，在同一天里每队最多比赛一次。这样，就可以根据秩序表进行比赛。

表5-13　xx赛比赛秩序表

轮次	比赛队	比赛时间	比赛地点	裁判员	比赛结果
第一轮	六（1）-五（3）	X月X日X时	XX场地	XXX	X比XXX队胜
	六（2）-五（2）	X月X日X时	XX场地	XXX	X比XXX队胜
	六（2）-五（1）	X月X日X时	XX场地	XXX	X比XXX队胜

2. 分组循环制

分组循环制就是把参加比赛的队分成若干个组，每组举行单循环制的比赛。最后在每组中录取若干优胜队（事先规定），进行决赛（用单循环制）。

循环制决定的名次是以积分计算的。每场比赛，胜队得3分，平局每队各得2分，败队得1分，弃权队得0分。比赛结束后，得分最多者为第1名，次多者为第2名，其余类推。如果三个队得分相等，则应重赛。如果两个队得分相等，可以将这两队比赛时的胜队作为前一名，也可以根据每场的积分或重赛来决定，但都要在比赛前规定（范例，表5-14）。

表5-14　循环制记分表

队名	六（1）	六（2）	六（3）	五（1）	五（2）	五（3）	得分	名次
六（1）								
六（2）								
六（3）								
五（1）								
五（2）								
五（3）								

（二）淘汰制

用淘汰制进行比赛可以节省一些时间（比赛的场数较少），但有时会不太公平合理，特别是单（冠军）淘汰制。例如，次强队在初赛时遇到最强队被淘汰了，没有得到决赛的机会。淘汰制分单淘汰制和双淘汰制两种。

1. 单淘汰制

单淘汰制又称冠军淘汰制。失败一场，就再没有比赛的权利。计算比赛场数的方法很简单，就是把参加比赛的队数减1。例如，参加队数是4，则比赛的场数是4－1＝3。又如，参加队数是7，则比赛的场数是7－1＝6。

编排比赛秩序时，要看参加比赛的队数。如果参加比赛的队数是2的乘方数，如4、8、16等，比赛秩序容易编排（见图5-1）。如果参加比赛的队数不是2的乘方数，如5、6、7等，则在第一阶段比赛时，一定有一些（一队或若干队）是"轮空队"。计算"轮空"数的方法是以比参加队数大的2的乘方数减去参加队数。例如，参加队数是7，而比7大的2的乘方数是8，则"轮空"数是8－7＝1。编排比赛秩序时，如果有一个"轮空队"，一般是把"轮空队"排在最后（见图5-2）；如果有几个"轮空队"，一般是把"轮空队"分排在各组的最后，使各组"轮空"的机会尽可能均等。把比赛秩序的草表编好后，由各队抽签，把抽得的数字变成队名代入表内，再把比赛时间、地点、裁判员写在表内，这样就成为正式的比赛秩序表（见图5-3）。

图5-1 比赛秩序（一）

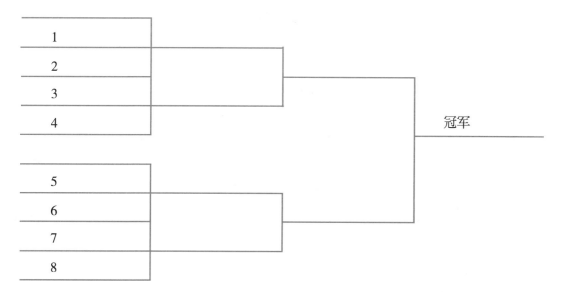

图5-2 比赛秩序（二）

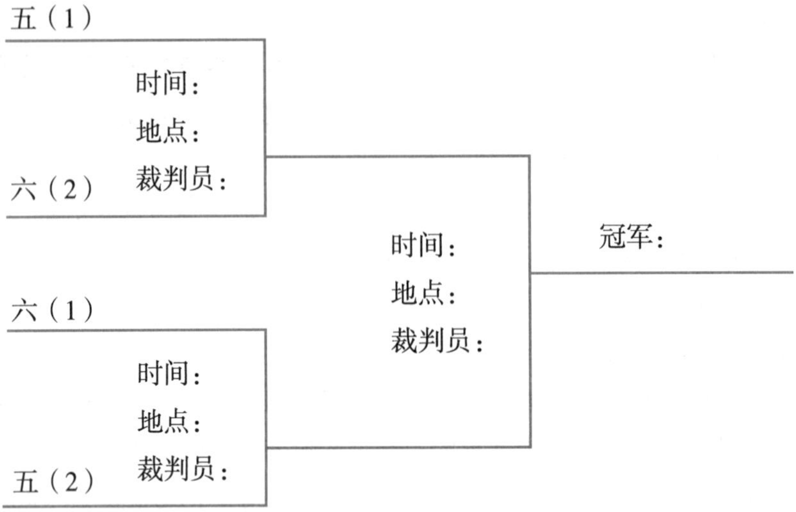

五（1）

时间：

地点：

六（2）　　裁判员：

六（1）

时间：

地点：

五（2）　　裁判员：

时间：

地点：

裁判员：

冠军：

图5-3　比赛秩序（三）

2. 双淘汰制

双淘汰制又称冠亚军淘汰制或复式淘汰制。它的机制是失败一次后还有比赛机会，即两次失败才被淘汰。双淘汰制分为两种：第一种是失败了一次的队不能得冠军，最多只能得亚军；第二种是失败了一次的队还有可能得冠军。至于采用哪一种方式，由举办单位根据具体情况决定。

双淘汰制计算比赛场数的方法是队数乘以2再减3。例如，参赛队数是7，则比赛的场数是 $7 \times 2 - 3 = 11$（场）。

参加双淘汰制的队数，如果不是2的乘方数，则在排秩序表时，仍然要有"轮空队"。现以7队参加比赛，用第一种双淘汰制举例如下（见图5-4）。

图5-4的冠军那边是胜方，亚军那边是负方；虚线表示第一次失败了的队，从胜方转到负方比赛；中间的数字代表队名；两边的数字代表得胜的队。

又如，以8队参加比赛，用另一种双淘汰制，举例如图5-5。

（三）循环淘汰联合制

球类比赛除了循环制和淘汰制外，还有循环淘汰联合制，即循环制和淘汰制综合起来的比赛。这种方法一般是在参加比赛的队数较多的情况下使用。方法是将比赛分成初赛和决赛两部分，初赛时用循环制或淘汰制，决赛时用另一种。

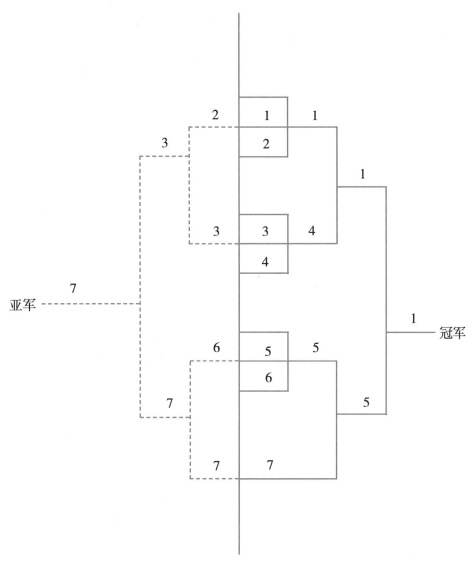

图5-4 双淘汰制竞赛表（一）

二、单项比赛

在小学，除了运动会和球类比赛外，还有单项比赛。单项比赛就是只有一个项目的比赛，如同年级的班级踢毽子比赛、接力赛、拔河比赛、50米赛跑等。单项比赛的组织和进行都比较简单，而且也节省时间。在课外体育活动中可以常举行这种比赛。

单项比赛的组织和进行方法，应根据项目来决定。例如，踢毽子比赛可以个人或集体所踢的次数来计算。

有时两个或几个项目也可以同时进行比赛，称为小型竞赛。

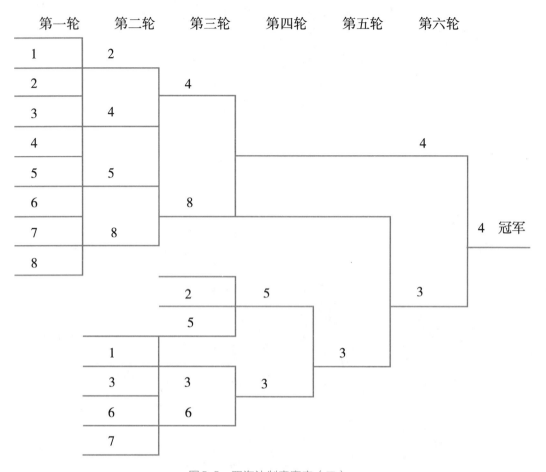

图5-5　双淘汰制竞赛表（二）

课后作业

1.班级体育活动的意义是什么？

2.某校小学五年级举行篮球赛，共有四个班，请用单循环制编排赛程。

第六章　学生身体体质健康水平测试与评价

第一节　体质健康水平测试的意义

爱默生曾说过："健康是人生第一财富。"进行国家学生体质健康水平测试有着重大的意义。总的来说，体质健康水平测试有助于学生了解自身的健康状况，促进学生积极地参加体育锻炼，增强学生的体质，提高健康水平，把学生培养成为德、智、体、美、劳全面发展的高素质人才。

一、可以清楚地了解自己的体质与健康状况

体质健康水平测试的每一项测试内容都反映了身体健康素质的一个或多个要素，因此我们可以从中清楚地了解自己的体质与健康状况。比如我们得知自己的身高、体重，再根据标准判断自己是营养过剩、营养不良还是身体匀称，而通过测试肺活量又可知道自己呼吸系统机能状况等。有时候，只有通过体质健康水平测试，才能找出健康"隐形杀手"，从而根据检测结果采取相应措施来促进健康。当然，每个人的测试结果都因个人因素的不同而有差别，因此不能与他人进行绝对的比较，我们更应该关注对自己身体健康素质现状的分析，并在每年一次的体质健康水平测试中看自己的健康素质是否得到提高。

二、便于有针对性地进行体育锻炼

国家学生体质健康水平测试从某些层面讲，就是面向学生进行的个性化身体健康诊断，在学生准确了解自己体质健康状况的基础上，有利于学生设定自己的锻炼目标，有针对性地选择锻炼策略，制订切实可行的锻炼计划。不是所有学生都可以通过耐力长跑来锻炼身体的，患心脏病、哮喘病的学生就不适合长跑。也不是所有学生都要进行统一的体育活动，每个人擅长和薄弱的地方都不同。针对不同情况，学生可以以个人的体质健康状况作为安排锻炼计划的依据，这样不仅会提高学生锻炼的积极性，还使体育锻炼得到更好的成效。

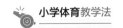

此外，国家学生体质健康水平测试中所得的数据上交到国家学生体质健康标准数据管理系统后，该系统也会将相关数据反馈给政府和社会大众，使社会对学生的体质健康状况有更好的了解，也利于政府采取措施来促进学生进行了体育锻炼，提高身体素质。

第二节　体质健康水平测试的项目及方法

在实施《国家学生体质健康标准》的过程中，掌握各项目正确的测试方法是所有体育教师和测试人员需要了解的内容。测试工作和所使用的测试仪器有一定的关系，测试器材多种多样，有全手工操作的，也有电子仪器。手工操作器材与电子仪器的操作流程不完全相同。如使用带有IC卡的测试仪器，就可以减少测试人员的记录和计算工作。但无论使用何种仪器，对测试人员的基本操作要求是一致的，本节对《国家学生体质健康标准》中各个项目基本的测试方法及其操作要求进行介绍。对于不同的测试器材，可参考相应测试器材的说明书。

一、身高

（一）测试目的

测试学生的身高，与体重测试配合，评定学生的身体匀称度，评价学生生长发育的水平及营养状况。

（二）场地器材

身高测量计。使用前应校对0点，以钢尺测量基准板平面至立柱前面红色刻线的高度是否为10.0厘米，误差不得大于0.1厘米。同时应检查立柱是否垂直，连接处是否紧密、有无晃动、零件有无松脱等情况，并及时加以纠正。

（三）测试方法

受试者赤足、立正姿势站在身高测量计的底板上（上肢自然下垂，足跟并拢，足尖分开成60°）。足跟、骶骨部及两肩胛区与立柱相接触，躯干自然挺直，头部正直，耳屏上缘与眼眶下缘呈水平位。测试人员站在受试者右侧，将水平压板轻轻沿立柱下滑，轻压于受试者头顶。读数据以厘米为单位，精确到小数点后1位。测试人员读数时，双眼应与压板水平面等高，记录员复述后进行记录。测试误差不得超过0.5厘米。

（四）注意事项

第一，身高测量计应选择平坦靠墙的地方放置，立柱的刻度尺应面向光源。

第二，严格掌握"三点靠立柱""两点呈水平"的测量姿势要求，测试人员读数时，两眼一定与压板等高，两眼高于压板时要下蹲，低于压板时应垫高。

第三，水平压板与头部接触时，松紧要适度，头发蓬松者要压实，头顶的发辫、发结要放开，饰物要取下。

第四，读数完毕，立即将水平压板轻轻推向安全高度，以防碰坏。

第五，测量身高前，受试者应避免进行剧烈体育活动和体力劳动。

二、体重

（一）测试目的

测试学生的体重，与身高测试配合，评定学生的身体匀称度，评价学生生长发育的水平及营养状况。

（二）场地器材

杠杆秤或电子体重计。使用前需检验其准确度和灵敏度。准确度要求误差不超过 0.1%，即每百千克误差小于 0.1 千克。准确度的检验方法是：以备用的 10 千克、20 千克、30 千克标准砝码（或用等重标定重物代替）分别进行称量，检查指标读数与标准砝码的误差是否在允许范围。灵敏度的检验方法是：置 100 克的砝码，观察刻度尺变化，如果刻度抬高了 3 毫米或游标向远移动了 0.1 千克，而刻度尺维持水平位时，则达到要求。

（三）测试方法

测试时，杠杆秤应放在平坦地面上，调整 0 点至刻度尺水平位。受试者赤足，男性受试者身着短裤，女性受试者身着短裤、短袖衫，站在秤台中央。测试人员放置适当砝码并移动游标至刻度尺平衡。读数以千克为单位，精确到小数点后 1 位。记录员复述后将读数记录。测试误差不超过 0.1 千克。

（四）注意事项

第一，测量体重前受试者不得进行剧烈体育活动或体力劳动。

第二，受试者站在秤台中央，上下杠杆秤动作要轻。

第三，每次使用杠杆秤时均需校正。测试人员每次读数前都应校对砝码标重，以避免差错。

三、台阶试验

（一）测试目的

测试学生在定量负荷后的心率变化情况，评价学生的心血管机能。

（二）场地器材

台阶或凳子、节拍器（或录音机及磁带）、秒表、台阶试验仪。

（三）测试方法

初中、高中和大学各年级男生用高 40 厘米的台阶（或凳子），初中、高中和大学各年级女生及小学五六年级男、女生用高 35 厘米的台阶（或凳子）做踏台上、下运动。测试前测定安静时的脉搏，然后受试者做轻度的准备活动，主要是活动下肢关节。上、下

台阶（或凳子）的频率是30次/分，因而节拍器的节律为120次/分（每上、下一次是四动）。受试者按节拍器的节律完成试验。

受试者从预备姿势开始，一只脚踏在台阶上，踏台腿伸直成台上站立姿势。先踏台的脚先下地，还原成预备姿势。用2秒上、下一次的速度（按节拍器的节律来做）连续做3分钟。

做完后，保持静止休息状态，测量运动结束后的1分钟至1分半钟、2分钟至2分半钟、3分钟至3分半钟的3次脉搏数。并用下列公式求得评定指数，计算结果包含小数的，对小数点后的1位进行四舍五入，取整进行评分。

评定指数＝踏台上、下运动的持续时间（秒）×100/2×3次测定脉搏的和。

（四）注意事项

第一，有心脏病的学生不能参加测试。

第二，按2秒上、下一次的节律进行。当受试者跟不上节奏时，应及时提醒，如果三次跟不上节奏，应停止测试，以免发生伤害事故。

第三，上、下台阶时，膝、髋关节都应伸直。

第四，受试者不可自己测量脉搏。

第五，如果受试者不能完成3分钟的负荷运动，以实际上下台阶的持续时间进行计算，计算公式同上。

四、肺活量

（一）测试目的

测试学生的肺通气功能。

（二）场地器材

电子肺活量计。

（三）测试方法

房间通风良好；使用干燥的一次性口嘴（若非一次性口嘴，则每换测试对象需消毒一次，每测一人时将口嘴向下倒出唾液，并注意消毒后必须使其干燥）。肺活量计主机放置在平稳的桌面上，检查电源线及接口是否牢固，按工作键液晶屏显示"0"即表示机器进入工作状态，预热5分钟后测试为佳。

首先告知受试者不必紧张，并且要尽全力，以中等速度和力度吹气效果最好。令受试者面对仪器站立、手持吹气口嘴，面对肺活量计站立试吹1至2次，首先看仪表有无反应，还要试口嘴或鼻处是否漏气，调整口嘴和用鼻夹（或自己捏鼻孔）；学会深吸气，避免耸肩提气，应该像闻花式地慢吸气。受试者进行一两次较平日深一些的呼吸动作后，更深地吸一口气，屏住气向口嘴处慢慢呼出至不能再呼为止，防止此时从口嘴处吸气，测试中不得中途二次吸气。吹气完毕后，液晶屏上最终显示的数字即为肺活量毫升值。

每位受试者测三次，每次间隔15秒，记录三次数值，选取最大值作为测试结果。以毫升为单位，不保留小数。

（四）注意事项

第一，电子肺活量计的计量部位通畅和干燥是仪器准确的关键，吹气筒的导管必须在上方，以免口水或杂物堵住气道。

第二，每测试10人及测试完毕后，用干棉球及时清理和擦干气筒内部。严禁用水、酒精等任何液体冲洗气筒内部。

第三，导气管存放时不能弯折。

第四，定期校对仪器。

五、50米跑

（一）测试目的

测试学生速度、灵敏素质及神经系统灵活性的发展水平。

（二）场地器材

50米直线跑道若干条，地面平坦，地质不限，跑道线要清楚。发令旗一面，口哨一个，秒表若干块（一道一表）。秒表使用前，应用标准秒表校正，每分钟误差不得超过0.2秒。标准秒表选定以北京时间为准，每小时误差不超过0.3秒。

（三）测试方法

受试者至少两人一组测试。站立起跑，受试者听到"跑"的口令后开始起跑。发令员在发出口令的同时要摆动发令旗。计时员视旗动开表计时，受试者躯干部到达终点线的垂直面时停表。以秒为单位记录测试成绩，精确到小数点后1位，小数点后第2位数按非零进1原则进位，如10.11秒读成10.2秒。

（四）注意事项

第一，受试者测试时最好穿运动鞋或平底布鞋，赤足亦可。但不得穿钉鞋、皮鞋、塑料凉鞋。

第二，发现有抢跑者，要当即召回重跑。

第三，如遇风时一律顺风跑。

六、25米×2往返跑

（一）测试目的

本项目是50米跑的替代项目，适合场地小的学校选测。

（二）场地器材

30米左右跑道若干条，每道宽2～2.5米，地面要平坦，地质不限，跑道线要清楚。在跑道两端划两条距离25米的平行线，分别作为起（终）点线和折返线，并在折返线线内1米处立一根标杆，杆高1.2米以上，作为折返标志。发令旗一面，口哨一个，秒表若

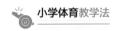

干块（一道一表）。秒表使用前，应用标准秒表校正，要求同50米跑测试。

（三）测试方法

测试分组进行，每组至少两人。每条跑道由一人记录。受试者站在起跑线后准备，听到"跑"的口令后开始起跑。折返时，受试者按逆时针方向绕过标杆，不得碰扶标杆，不得串道。发令员在发出口令的同时开表计时。当受试者躯干部到达终点线的垂直面时停表。以秒为单位记录测试成绩，精确到小数点后1位，小数点后第2位数按非零进1原则进位，如10.11秒读成10.2秒。

（四）注意事项

第一，折返时，受试者应当统一按逆时针方向绕杆往返跑，以避免两名或多名受试者在测试过程中冲撞受伤。

第二，其他注意事项参见50米跑的注意事项。

七、400米跑

（一）测试目的

测试学生速度、耐力的发展水平，适用于小学五、六年级学生。

（二）场地器材

400米、200米、300米田径场地跑道或其他不正规场地，但必须丈量准确。地面要平坦，地质不限，跑道线要清楚。发令旗一面，口哨一个，秒表若干块（一道一表）。秒表使用前，应用标准秒表校正，要求同50米跑测试。

（三）测试方法

测试分组进行，每组至少两人。受试者站在起跑线后准备，用站立式起跑，当听到口令或哨音后开始起跑。发令员发出"跑"口令的同时开表计时，当受试者的躯干部到达终点线的垂直面时停表。以分、秒为单位记录测试成绩，不计小数。

（四）注意事项

第一，如果在非400米标准场地上进行测试，测试人员应向受试者报告剩余圈数，以免跑错距离。

第二，测试人员应告知受试者在跑完后应继续缓慢走动，不要立刻停下，以免发生意外。

第三，受试者不得穿皮鞋、塑料凉鞋、钉鞋参加测试。

第四，对分、秒进行换算时要细心，防止差错。

八、50米×8往返跑

（一）测试目的

该项目是400米跑的替代项目。主要测试学生速度、灵敏素质及耐力的发展水平。

（二）场地器材

50米跑道若干条，道宽2～2.5米，地面要平坦，地质不限。在起（终）点线前0.5米和49.5米处各立一标杆，杆高1.2米以上，立于跑道正中。发令旗一面，口哨一个，秒表若干块（一道一表）。秒表使用前，应用标准秒表校正，要求同50米跑测试。

（三）测试方法

受试者至少两人一组进行测试。用站立式起跑。当听到"跑"口令后开始起跑，往返四次，往返跑时按逆时针方向绕过标杆，不得碰扶标杆，不得串道。发令员发出"跑"口令的同时开表计时。当受试者躯干部到达终点线的垂直面时停表。以分、秒为单位记录测试成绩，不计小数。

（四）注意事项

第一，测试人员应向受试者报告剩余往返圈数，以免跑错距离。

第二，其他注意事项和成绩记录方法同400米跑。

九、800米或1000米跑

（一）测试目的

测试学生耐力素质的发展水平，特别是心血管呼吸系统的机能及肌肉耐力。

（二）场地器材

400米、300米、200米田径场跑道，地质不限。也可使用其他不规则场地，但必须丈量准确，地面平坦。发令旗一面，口哨一个，秒表若干块（一道一表）。秒表使用前，应用标准秒表校正，要求同50米跑测试。

（三）测试方法

受试者至少两人一组进行测试，用站立式起跑。当听到"跑"的口令后开始起跑。计时员看到旗动开表计时，当受试者的躯干部到达终点线的垂直面时停表。以分、秒为单位记录测试成绩，不计小数。

（四）注意事项

同50米×8往返跑。

十、立定跳远

（一）测试目的

测试学生下肢爆发力及身体协调能力的发展水平。

（二）场地器材

沙坑、丈量尺。沙面应与地面平齐，如无沙坑，可在土质松软的平地上进行。起跳线至沙坑近端不得少于30厘米。起跳地面要平坦，不得有坑凹。

（三）测试方法

受试者两脚自然分开站立，站在起跳线后，脚尖不得踩线（最好用线绳做起跳线）。

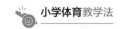

两脚原地同时起跳，不得有垫步或连跳动作。丈量起跳线后缘至最近着地点后缘之间的垂直距离。每人跳三次，记录其中成绩最好的一次。以厘米为单位，不计小数。

（四）注意事项

第一，发现犯规时，此次成绩无效。三次试跳均无成绩者，应允许再跳，直至取得成绩为止。

第二，可以赤足，但不得穿钉鞋、皮鞋、塑料凉鞋参加测试。

十一、投沙包

（一）测试目的

测试学生的上肢爆发力，适用于小学一二年级学生。

（二）场地器材

长度在30米以上的平整场地一块，地质不限。在场地一端划一条直线作为起掷线。0.25千克重的立方形或圆形沙包若干个。

（三）测试方法

受试者站在起掷线后原地投掷，要求沙包必须从肩上方投出。丈量起掷线后缘至沙包着地点后缘之间的垂直距离。为了准确丈量成绩，应有专人负责观察沙包着地点。每人投掷三次，记录其中成绩最好的一次。记录以米为单位，取一位小数。

（四）注意事项

第一，受试者需原地投掷，不得助跑。

第二，沙包必须从肩上方投出。

第三，如受试者前后开立投掷，在沙包出手的同时后脚可向前迈出一步，但不得踩线。

第四，发现踩线等犯规时，此次成绩无效。三次均无成绩者，应允许再投，直至取得成绩为止。

十二、掷实心球

（一）测试目的

测试学生的上肢爆发力，适用于小学三年级以上学生。

（二）场地器材

长度在30米以上的平整场地一块，地质不限，在场地一端划一条直线作为起掷线。实心球若干，小学三至六年级测试球重为1千克，初中、高中和大学各年级测试球重为2千克。

（三）测试方法

测试时受试者站在起掷线后，两脚前后或左右开立，身体面对投掷方向，双手举球至头上方稍后仰，原地用力把球投向前方。丈量起掷线后缘至球着地点后缘之间的垂直距离。为了准确丈量成绩，应有专人负责观察实心球的着地点。每人投掷三次，记录其中成绩最好的一次。记录以米为单位，取一位小数。

（四）注意事项

同投沙包。

十三、握力

（一）测试目的

测试学生上肢肌肉力量的发展水平。

（二）场地器材

电子握力器或弹簧式握力计。

（三）测试方法

受试者两脚自然分开成直立姿势，两臂自然下垂。一手持握力计全力紧握（此时握力计不能接触受试者的衣服和身体），记下握力计指针的刻度（或握力器所显示的数字）。用有力手握两次。取最大值，以公斤为单位，保留1位小数。

（四）注意事项

保持手臂自然下垂姿势，手心向内，不能触及衣服和身体。

十四、引体向上

（一）测试目的

测试学生上肢肌肉力量的发展水平。

（二）场地器材

高单杠或高横杠，杠粗以手能握住为准。

（三）测试方法

受试者跳起、双手正握杠，两手与肩同宽成直臂悬垂。静止后，两臂同时用力引体（身体不能有附加动作），上拉到下颌超过横杠上缘为完成一次。记录引体次数。

（四）注意事项

第一，受试者应双手正握单杠，待身体静止后开始测试。

第二，引体向上时，身体不得做大的摆动，也不得借助其他附加动作撑起。

第三，若两次引体向上的间隔时间超过10秒，停止测试。

十五、坐位体前屈

（一）测试目的

测量学生在静止状态下的躯干、腰、髋等关节可能达到的活动幅度，主要反映这些部位的关节、韧带和肌肉的伸展性和弹性，以及学生身体柔韧素质的发展水平。

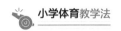

（二）场地器材

坐位体前屈测试仪。

（三）测试方法

受试者两腿伸直，两脚平蹬测试纵板，坐在平地上，两脚分开10～15厘米，上体前屈，两臂伸直前，用两手中指尖逐渐向前推动游标，直到不能前推为止。测试仪的脚蹬纵板内沿平面为0点，向内为负值，向前为正值。记录以厘米为单位，保留1位小数。测试两次，取最好成绩。

（四）注意事项

第一，身体前屈，两臂向前推游标时两腿不能弯曲。

第二，受试者应匀速向前推动游标，不得突然发力。

十六、仰卧起坐

（一）测试目的

测试学生的腹肌耐力。

（二）场地器材

垫子若干块（或代用品），铺放平坦。

（三）测试方法

受试者仰卧于垫上，两腿稍分开，屈膝呈90°角左右，两手指交叉贴于脑后。另一同伴压住其踝关节，以固定下肢。受试者坐起时，两肘触及或超过双膝为完成一次。仰卧时两肩胛必须触垫。测试人员发出"开始"口令的同时开表计时，记录1分钟内完成次数。1分钟到时，受试者虽已坐起但肘关节未达到双膝者不计该次数，记录精确到个位。

（四）注意事项

第一，如发现受试者借用肘部撑垫或臀部起落的力量起坐时，该次不计数。

第二，测试过程中，观测人员应向受试者报数。

第三，受试者双脚必须放于垫上。

十七、跳绳

（一）测试目的

测试学生的下肢爆发力和身体协调能力。

（二）场地器材

地面平整、干净的场地一块，地质不限。主要测试器材包括秒表、发令哨、各种长度的跳绳若干条。

（三）测试方法

两人一组，一人测试，一人记数。受试者将绳的长短调至适宜长度，听到开始信号后开始跳绳，动作规格为正摇双脚跳绳，每跳跃一次且摇绳一回环（一周圈），计为一次。听到结束信号后停止，测试人员报数并记录受试者在1分钟内的跳绳次数。记录单位为次。

（四）注意事项

第一，小学低年级学生参加跳绳测试时，应由教师计数。

第二，测试过程中若跳绳绊脚，除该次不计数外，应继续进行。

十八、踢毽子

（一）测试目的

测试学生的身体协调能力。

（二）场地器材

地面平整、干净的场地，地质不限。主要测试器材包括秒表、发令哨、毽子若干个。

（三）测试方法

受试者听到开始信号后开始踢毽子，动作规格为单脚或双脚交换踢毽子。听到结束信号后停止，测试人员报数并记录受试者在30秒内的踢毽子次数。记录单位为次。

（四）注意事项

第一，小学低年级学生参加踢毽子测试时，应由教师计数。

第二，测试时，仅记脚部踢毽子的次数，以膝、肩、头等身体其他部位接触毽子，只作为调整动作，不计次数。

第三，测试过程中若毽子落地，除该次不计数外，应继续进行。

十九、篮球运球

（一）测试目的

测试学生的综合身体素质和篮球基本技能水平。测试年级为小学五、六年级及初中、高中和大学各年级。

（二）场地器材

测试场地长20米、宽7米，起点线后5米设置两列标杆，标杆距左右边线3米。各标杆间隔距离杆3米，共5排杆，全长20米，并列的两杆间隔1米。测试器材包括秒表（使用前应进行校正，要求同50米跑）、发令哨、30米卷尺、标杆10根（杆高1.2米以上），篮球若干个。小学五六年级采用小篮球，球重为450～500克，球圆周为68～70厘米；初、高中和大学为篮球。测试用球应符合国家标准。

（三）测试方法

受试者在起点线后持球站立，听到"出发"口令后，单手运球，依次过杆，高中生和大学生每次过杆时需换手运球。发令员发令后开表计时，受试者与球均返回起终点线时停表。每名受试者测两次，记录其中成绩最好的一次。以秒为单位记录测试成绩，精

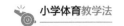

确到小数点后1位，小数点后第2位数按非零进1原则进位。

（四）注意事项

第一，测试中篮球脱手后，如球仍在测试场地内，受试者可自行捡回，并在脱手处继续运球，不停表。

第二，测试过程中出现以下现象，均属犯规行为，取消当次成绩：出发时抢跑、运球过程中双手同时触球、膝盖以下部位触球、漏绕标杆、碰倒标杆、人或球出测试区域、未按要求完成全程路线、通过终点时人球分离等。

第三，受试者有两次测试机会，两次犯规无成绩者可再测，直至取得成绩。

二十、足球颠球

（一）测试目的

测试学生的足球基本技能水平。测试年级为小学五六年级。

（二）场地器材

坚实、平整的场地一块。测试器材包括小足球若干个，球重为280～310克，球圆周为54～56厘米。

（三）测试方法

受试者在原地将球抛起，用脚背正面连续颠球，球落地则测试结束，按次计数。其他部位触球可作为调整，不计次数。每名受试者测两次，记录其中成绩最好的一次。记录单位为次。

（四）注意事项

受试者可用双脚交替或单脚连续颠球。

二十一、足球运球

（一）测试目的

测试学生的足球基本技能水平，测试年级为中学和大学各年级。

（二）场地器材

在坚实、平整的场地或足球场上进行，测试区域长30米、宽10米，起点线至第一杆距离为5米，各杆间距5米，共设5根标杆，标杆距两侧边线各5米。测试器材包括足球若干个（测试用球应符合国家标准），秒表（使用前应进行校正，要求同50米跑），30米卷尺，5根标杆（杆高1.2米以上）。

（三）测试方法

受试者站在起点线后准备，听到"出发"口令后，开始向前运球，依次过杆，不得碰杆。受试者和球均越过终点线即为结束。发令员发令后开表计时，受试者与球均返回终点线时停表。每名受试者测两次，记录其中成绩最好的一次。以秒为单位记录测试成绩，精确到小数点后1位。小数点后第2位数按非零进1原则进位。

（四）注意事项

第一，测试过程中出现以下现象，均属犯规，取消当次成绩：出发时抢跑、漏绕标杆、碰倒标杆、故意手球、未按要求完成全程路线等。

第二，受试者有两次测试机会，两次犯规无成绩者可再测，直至取得成绩。

二十二、排球垫球

（一）测试目的

测试学生的排球基本技能水平。

（二）场地器材

在坚实、平坦的场地或排球场上进行，小学五六年级的测试区域为2.5×2.5米，初中、高中和大学的测试区域为3×3米。小学五六年级测试器材为软式排球，初、高和大学的测试器材为排球。测试用球应符合国家标准。

（三）测试方法

受试者在规定的测试区域内原地将球抛起，个人连续正面双手垫球，要求手型正确、击球部位准确、达到规定的高度，球落地即为测试结束，按次计数。受试者每次垫球应达到的高度，小学五六年级为2米，初中男生为2.24米，初中女生为2米，高中和大学男生为2.43米，高中和大学女生为2.24米。每名受试者测试两次，记录其中成绩最好的一次。记录单位为次。

（四）注意事项

第一，测试过程中如出现以下现象，均只作为调整，不计次数：采用传球等其他方式触球、测试区域之外触球、垫球高度不足等。

第二，为方便判定垫球高度，可将排球场的球网调整到相应的高度，或者在测试区域外相距0.5米处插两根标杆，标杆顶端用橡皮筋或标志线相连，将标杆调整到相应的高度进行判定，测试时通过比较垫球的高度和球网或标志线的高度进行判定。

第三节　体质健康水平测试的评定标准

一、《国家学生体质健康标准》概述

国家对学生的体质健康情况十分重视，于2014年发布了统一的《国家学生体质健康标准》。《国家学生体质健康标准》是国家学校教育工作的基础性指导文件和教育质量基本标准，是评价学生综合素质、评估学校工作和衡量各地教育发展的重要依据，是《国家体育锻炼标准》在学校的具体实施，适用于全日制普通小学、初中、普通高中、中等职业学校、普通高等学校的学生。《国家学生体质健康标准》（以下简称"标准"）的修订坚持健康第一的原则，落实《国家中长期教育改革和发展规划纲要（2010—2020年）》《国务院办公厅转发教育部等部门关于进一步加强学校体育工作若干意见的通知》（国办发〔2012〕53号）和《教育部关于印发〈学生体质健康监测评价办法〉》（教体艺〔2014〕3号）等三个文件的通知的有关要求，着重提高"标准"应用的信度、效度和区分度，着重强化其教育激励、反馈调整和引导锻炼的功能，着重提高其教育监测和绩效评价的支撑能力。从身体形态、身体机能和身体素质等方面综合评定学生的体质健康水平，是促进学生体质健康发展、激励学生积极进行身体锻炼的教育手段，是国家学生发展核心素养体系和学业质量标准的重要组成部分，是学生体质健康的个体评价标准。将适用对象划分为以下组别：小学、初中、高中，按每个年级为一组，其中小学为6组，初中为3组，高中为3组。大学一二年级为一组，三四年级为一组。小学、初中、高中、大学各组别的测试指标均为必测指标。其中，身体形态类中的身高、体重，身体机能类中的肺活量以及身体素质类中的50米跑、坐位体前屈为各年级学生的共性指标。本标准的学年总分由标准分与附加分之和构成，满分为120分。标准分由各单项指标得分与权重乘积之和组成，满分为100分。附加分根据实测成绩确定，即对成绩超过100分的加分指标进行加分，满分为20分。小学的加分指标为1分钟跳绳，加分幅度为20分。初中、高中和大学的加分指标为男生引体向上和1000米跑，女生1分钟仰卧起坐和800米跑，各指标加分幅度均为10分。

以下为具体的体质健康水平测试的评定标准。

二、单项指标评分表

表6-1 男生体重指数（BMI）单项评分表

单位：千克/米²

等级	单项得分	一年级	二年级	三年级	四年级	五年级	六年级	初一	初二	初三	高一	高二	高三	大学
正常	100	13.5~18.1	13.7~18.4	13.9~19.4	14.2~20.1	14.4~21.4	14.7~21.8	15.5~22.1	15.7~22.5	15.8~22.8	16.5~23.2	16.8~23.7	17.3~23.8	17.9~23.9
低体重	80	≤13.4	≤13.6	≤13.8	≤14.1	≤14.3	≤14.6	≤15.4	≤15.6	≤15.7	≤16.4	≤16.7	≤17.2	≤17.8
超重	80	18.2~20.3	18.5~20.4	19.5~22.1	20.2~22.6	21.5~24.1	21.9~24.5	22.2~24.9	22.6~25.2	22.9~26.0	23.3~26.3	23.8~26.5	23.9~27.3	24.0~27.9
肥胖	60	≥20.4	≥20.5	≥22.2	≥22.7	≥24.2	≥24.6	≥25.0	≥25.3	≥26.1	≥26.4	≥26.6	≥27.4	≥28.0

表6-2 女生体重指数（BMI）单项评分表

单位：千克/米²

等级	单项得分	一年级	二年级	三年级	四年级	五年级	六年级	初一	初二	初三	高一	高二	高三	大学
正常	100	13.3~17.3	13.5~17.8	13.6~18.6	13.7~19.4	13.8~20.5	14.2~20.8	14.8~21.7	15.3~22.2	16.0~22.6	16.5~22.7	16.9~23.2	17.1~23.3	17.2~23.9
低体重	80	≤13.2	≤13.4	≤13.5	≤13.6	≤13.7	≤14.1	≤14.7	≤15.2	≤15.9	≤16.4	≤16.8	≤17.0	≤17.1
超重	80	17.4~19.2	17.9~20.2	18.7~21.1	19.5~22.0	20.6~22.9	20.9~23.6	21.8~24.4	22.3~24.8	22.7~25.1	22.8~25.2	23.3~25.4	23.4~25.7	24.0~27.9
肥胖	60	≥19.3	≥20.3	≥21.2	≥22.1	≥23.0	≥23.7	≥24.5	≥24.9	≥25.2	≥25.3	≥25.5	≥25.8	≥28.0

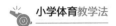

表6-3 男生肺活量单项评分表

单位：毫升

等级	单项得分	一年级	二年级	三年级	四年级	五年级	六年级	初一	初二	初三	高一	高二	高三	大一大二	大三大四
优秀	100	1700	2000	2300	2600	2900	3200	3640	3940	4240	4540	4740	4940	5040	5140
	95	1600	1900	2200	2500	2800	3100	3520	3820	4120	4420	4620	4820	4920	5020
	90	1500	1800	2100	2400	2700	3000	3400	3700	4000	4300	4500	4700	4800	4900
良好	85	1400	1650	1900	2150	2450	2750	3150	3450	3750	4050	4250	4450	4550	4650
	80	1300	1500	1700	1900	2200	2500	2900	3200	3500	3800	4000	4200	4300	4400
	78	1240	1430	1620	1820	2110	2400	2780	3080	3380	3680	3880	4080	4180	4280
	76	1180	1360	1540	1740	2020	2300	2660	2960	3260	3560	3760	3960	4060	4160
	74	1120	1290	1460	1660	1930	2200	2540	2840	3140	3440	3640	3840	3940	4040
	72	1060	1220	1380	1580	1840	2100	2420	2720	3020	3320	3520	3720	3820	3920
及格	70	1000	1150	1300	1500	1750	2000	2300	2600	2900	3200	3400	3600	3700	3800
	68	940	1080	1220	1420	1660	1900	2180	2480	2780	3080	3280	3480	3580	3680
	66	880	1010	1140	1340	1570	1800	2060	2360	2660	2960	3160	3360	3460	3560
	64	820	940	1060	1260	1480	1700	1940	2240	2540	2840	3040	3240	3340	3440
	62	760	870	980	1180	1390	1600	1820	2120	2420	2720	2920	3120	3220	3320
	60	700	800	900	1100	1300	1500	1700	2000	2300	2600	2800	3000	3100	3200
不及格	50	660	750	840	1030	1220	1410	1600	1890	2180	2470	2660	2850	2940	3030
	40	620	700	780	960	1140	1320	1500	1780	2060	2340	2520	2700	2780	2860
	30	580	650	720	890	1060	1230	1400	1670	1940	2210	2380	2550	2620	2690
	20	540	600	660	820	980	1140	1300	1560	1820	2080	2240	2400	2460	2520
	10	500	550	600	750	900	1050	1200	1450	1700	1950	2100	2250	2300	2350

小学体育教学法

单位：毫升

表6-4　女生肺活量单项评分表

等级	单项得分	一年级	二年级	三年级	四年级	五年级	六年级	初一	初二	初三	高一	高二	高三	大一大二	大三大四
优秀	100	1400	1600	1800	2000	2250	2500	2750	2900	3050	3150	3250	3350	3400	3450
	95	1300	1500	1700	1900	2150	2400	2650	2850	3000	3100	3200	3300	3350	3400
	90	1200	1400	1600	1800	2050	2300	2550	2800	2950	3050	3150	3250	3300	3350
良好	85	1100	1300	1500	1700	1950	2200	2450	2650	2800	2900	3000	3100	3150	3200
	80	1000	1200	1400	1600	1850	2100	2350	2500	2650	2750	2850	2950	3000	3050
	78	960	1150	1340	1530	1770	2010	2250	2400	2550	2650	2750	2850	2900	2950
	76	920	1100	1280	1460	1690	1920	2150	2300	2450	2550	2650	2750	2800	2850
	74	880	1050	1220	1390	1610	1830	2050	2200	2350	2450	2550	2650	2700	2750
	72	840	1000	1160	1320	1530	1740	1950	2100	2250	2350	2450	2550	2600	2650
及格	70	800	950	1100	1250	1450	1650	1850	2000	2150	2250	2350	2450	2500	2550
	68	760	900	1040	1180	1370	1560	1750	1900	2050	2150	2250	2350	2400	2450
	66	720	850	980	1110	1290	1470	1650	1800	1950	2050	2150	2250	2300	2350
	64	680	800	920	1040	1210	1380	1550	1700	1850	1950	2050	2150	2200	2250
	62	640	750	860	970	1130	1290	1450	1600	1750	1850	1950	2050	2100	2150
	60	600	700	800	900	1050	1200	1350	1500	1650	1750	1850	1950	2000	2050
不及格	50	580	680	780	880	1020	1170	1310	1460	1610	1710	1810	1910	1960	2010
	40	560	660	760	860	990	1140	1270	1420	1570	1670	1770	1870	1920	1970
	30	540	640	740	840	960	1110	1230	1380	1530	1630	1730	1830	1880	1930
	20	520	620	720	820	930	1080	1190	1340	1490	1590	1690	1790	1840	1890
	10	500	600	700	800	900	1050	1150	1300	1450	1550	1650	1750	1800	1850

表6-5　男生50米跑单项评分表

单位：秒

等级	单项得分	一年级	二年级	三年级	四年级	五年级	六年级	初一	初二	初三	高一	高二	高三	大一大二	大三大四
优秀	100	10.2	9.6	9.1	8.7	8.4	8.2	7.8	7.5	7.3	7.1	7.0	6.8	6.7	6.6
	95	10.3	9.7	9.2	8.8	8.5	8.3	7.9	7.6	7.4	7.2	7.1	6.9	6.8	6.7
	90	10.4	9.8	9.3	8.9	8.6	8.4	8.0	7.7	7.5	7.3	7.2	7.0	6.9	6.8
良好	85	10.5	9.9	9.4	9.0	8.7	8.5	8.1	7.8	7.6	7.4	7.3	7.1	7.0	6.9
	80	10.6	10.0	9.5	9.1	8.8	8.6	8.2	7.9	7.7	7.5	7.4	7.2	7.1	7.0
及格	78	10.8	10.2	9.7	9.3	9.0	8.8	8.4	8.1	7.9	7.7	7.6	7.4	7.3	7.2
	76	11.0	10.4	9.9	9.5	9.2	9.0	8.6	8.3	8.1	7.9	7.7	7.6	7.5	7.4
	74	11.2	10.6	10.1	9.7	9.4	9.2	8.8	8.5	8.3	8.1	7.9	7.8	7.7	7.6
	72	11.4	10.8	10.3	9.9	9.6	9.4	9.0	8.7	8.5	8.3	8.1	8.0	7.9	7.8
	70	11.6	11.0	10.5	10.1	9.8	9.6	9.2	8.9	8.7	8.5	8.3	8.2	8.1	8.0
	68	11.8	11.2	10.7	10.3	10.0	9.8	9.4	9.1	8.9	8.7	8.5	8.4	8.3	8.2
	66	12.0	11.4	10.9	10.5	10.2	10.0	9.6	9.3	9.1	8.9	8.7	8.6	8.5	8.4
	64	12.2	11.6	11.1	10.7	10.4	10.2	9.8	9.5	9.3	9.1	8.9	8.8	8.7	8.6
	62	12.4	11.8	11.3	10.9	10.6	10.4	10.0	9.7	9.5	9.3	9.1	9.0	8.9	8.8
	60	12.6	12.0	11.5	11.1	10.8	10.6	10.2	9.9	9.7	9.5	9.3	9.2	9.0	9.0
不及格	50	12.8	12.2	11.7	11.3	11.0	10.8	10.4	10.1	9.9	9.7	9.5	9.4	9.2	9.2
	40	13.0	12.4	11.9	11.5	11.2	11.0	10.6	10.3	10.1	9.9	9.7	9.6	9.4	9.4
	30	13.2	12.6	12.1	11.7	11.4	11.2	10.8	10.5	10.3	10.1	9.9	9.8	9.6	9.6
	20	13.4	12.8	12.3	11.9	11.6	11.4	11.0	10.7	10.5	10.3	10.1	9.9	9.9	9.8
	10	13.6	13.0	12.5	12.1	11.8	11.6	11.2	10.9	10.7	10.5	10.2	10.2	10.1	10.0

单位：秒

表6-6　女生50米跑单项评分表

等级	单项得分	一年级	二年级	三年级	四年级	五年级	六年级	初一	初二	初三	高一	高二	高三	大一 大二	大三 大四
优秀	100	11.0	10.0	9.2	8.7	8.3	8.2	8.1	8.0	7.9	7.8	7.7	7.6	7.5	7.4
	95	11.1	10.1	9.3	8.8	8.4	8.3	8.2	8.1	8.0	7.9	7.8	7.7	7.6	7.5
	90	11.2	10.2	9.4	8.9	8.5	8.4	8.3	8.2	8.1	8.0	7.9	7.8	7.7	7.6
良好	85	11.5	10.5	9.7	9.2	8.8	8.7	8.6	8.5	8.4	8.3	8.2	8.1	8.0	7.9
	80	11.8	10.8	10.0	9.5	9.1	9.0	8.9	8.8	8.7	8.6	8.5	8.4	8.3	8.2
	78	12.0	11.0	10.2	9.7	9.3	9.2	9.1	9.0	8.9	8.8	8.7	8.6	8.5	8.4
	76	12.2	11.2	10.4	9.9	9.5	9.4	9.3	9.2	9.1	9.0	8.9	8.8	8.7	8.6
	74	12.4	11.4	10.6	10.1	9.7	9.6	9.5	9.4	9.3	9.2	9.1	9.0	8.9	8.8
	72	12.6	11.6	10.8	10.3	9.9	9.8	9.7	9.6	9.5	9.4	9.3	9.2	9.1	9.0
及格	70	12.8	11.8	11.0	10.5	10.1	10.0	9.9	9.8	9.7	9.6	9.5	9.4	9.3	9.2
	68	13.0	12.0	11.2	10.7	10.3	10.2	10.1	10.0	9.9	9.8	9.7	9.6	9.5	9.4
	66	13.2	12.2	11.4	10.9	10.5	10.4	10.3	10.2	10.1	10.0	9.9	9.8	9.7	9.6
	64	13.4	12.4	11.6	11.1	10.7	10.6	10.5	10.4	10.3	10.2	10.1	10.0	9.9	9.8
	62	13.6	12.6	11.8	11.3	10.9	10.8	10.7	10.6	10.5	10.4	10.3	10.2	10.1	10.0
	60	13.8	12.8	12.0	11.5	11.1	11.0	10.9	10.8	10.7	10.6	10.5	10.4	10.3	10.2
不及格	50	14.0	13.0	12.2	11.7	11.3	11.2	11.1	11.0	10.9	10.8	10.7	10.6	10.5	10.4
	40	14.2	13.2	12.4	11.9	11.5	11.4	11.3	11.2	11.1	11.0	10.9	10.8	10.7	10.6
	30	14.4	13.4	12.6	12.1	11.7	11.6	11.5	11.4	11.3	11.2	11.1	11.0	10.9	10.8
	20	14.6	13.6	12.8	12.3	11.9	11.8	11.7	11.6	11.5	11.4	11.3	11.2	11.1	11.0
	10	14.8	13.8	13.0	12.5	12.1	12.0	11.9	11.8	11.7	11.6	11.5	11.4	11.3	11.2

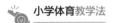
小学体育教学法

单位：厘米

表6-7 男生坐位体前屈单项评分表

等级	单项得分	一年级	二年级	三年级	四年级	五年级	六年级	初一	初二	初三	高一	高二	高三	大一大二	大三大四
优秀	100	16.1	16.2	16.3	16.4	16.5	16.6	17.6	19.6	21.6	23.6	24.3	24.6	24.9	25.1
	95	14.6	14.7	14.9	15.0	15.2	15.3	15.9	17.7	19.7	21.5	22.4	22.8	23.1	23.3
	90	13.0	13.2	13.4	13.6	13.8	14.0	14.2	15.8	17.8	19.4	20.5	21.0	21.3	21.5
良好	85	12.0	11.9	11.8	11.7	11.6	11.5	12.3	13.7	15.8	17.2	18.3	19.1	19.5	19.9
	80	11.0	10.6	10.2	9.8	9.4	9.0	10.4	11.6	13.8	15.0	16.1	17.2	17.7	18.2
及格	78	9.9	9.5	9.1	8.6	8.2	7.7	9.1	10.3	12.4	13.6	14.7	15.8	16.3	16.8
	76	8.8	8.4	8.0	7.4	7.0	6.4	7.8	9.0	11.0	12.2	13.3	14.4	14.9	15.4
	74	7.7	7.3	6.9	6.2	5.8	5.1	6.5	7.7	9.6	10.8	11.9	13.0	13.5	14.0
	72	6.6	6.2	5.8	5.0	4.6	3.8	5.2	6.4	8.2	9.4	10.5	11.6	12.1	12.6
	70	5.5	5.1	4.7	3.8	3.4	2.5	3.9	5.1	6.8	8.0	9.1	10.2	10.7	11.2
	68	4.4	4.0	3.6	2.6	2.2	1.2	2.6	3.8	5.4	6.6	7.7	8.8	9.3	9.8
	66	3.3	2.9	2.5	1.4	1.0	-0.1	1.3	2.5	4.0	5.2	6.3	7.4	7.9	8.4
	64	2.2	1.8	1.4	0.2	-0.2	-1.4	0.0	1.2	2.6	3.8	4.9	6.0	6.5	7.0
	62	1.1	0.7	0.3	-1.0	-1.4	-2.7	-1.3	-0.1	1.2	2.4	3.5	4.6	5.1	5.6
	60	0.0	-0.4	-0.8	-2.2	-2.6	-4.0	-2.6	-1.4	-0.2	1.0	2.1	3.2	3.7	4.2
不及格	50	-0.8	-1.2	-1.6	-3.2	-3.6	-5.0	-3.8	-2.6	-1.4	0.0	1.1	2.2	2.7	3.2
	40	-1.6	-2.0	-2.4	-4.2	-4.6	-6.0	-5.0	-3.8	-2.6	-1.0	0.1	1.2	1.7	2.2
	30	-2.4	-2.8	-3.2	-5.2	-5.6	-7.0	-6.2	-5.0	-3.8	-2.0	-0.9	0.2	0.7	1.2
	20	-3.2	-3.6	-4.0	-6.2	-6.6	-8.0	-7.4	-6.2	-5.0	-3.0	-1.9	-0.8	-0.3	0.2
	10	-4.0	-4.4	-4.8	-7.2	-7.6	-9.0	-8.6	-7.4	-6.2	-4.0	-2.9	-1.8	-1.3	-0.8

单位：厘米

表6-8　女生坐位体前屈单项评分表

等级	单项得分	一年级	二年级	三年级	四年级	五年级	六年级	初一	初二	初三	高一	高二	高三	大一大二	大三大四
优秀	100	18.6	18.9	19.2	19.5	19.8	19.9	21.8	22.7	23.5	24.2	24.8	25.3	25.8	26.3
	95	17.3	17.6	17.9	18.1	18.5	18.7	20.1	21.0	21.8	22.5	23.1	23.6	24.0	24.4
	90	16.0	16.3	16.6	16.9	17.2	17.5	18.4	19.3	20.1	20.8	21.4	21.9	22.2	22.4
良好	85	14.7	14.8	14.9	15.0	15.1	15.2	16.7	17.6	18.4	19.1	19.7	20.2	20.6	21.0
	80	13.4	13.3	13.2	13.1	13.0	12.9	15.0	15.9	16.7	17.4	18.0	18.5	19.0	19.5
	78	12.3	12.2	12.1	12.0	11.9	11.8	13.7	14.6	15.4	16.1	16.7	17.2	17.7	18.2
	76	11.2	11.1	11.0	10.9	10.8	10.7	12.4	13.3	14.1	14.8	15.4	15.9	16.4	16.9
	74	10.1	10.0	9.9	9.8	9.7	9.6	11.1	12.0	12.8	13.5	14.1	14.6	15.1	15.6
	72	9.0	8.9	8.8	8.7	8.6	8.5	9.8	10.7	11.5	12.2	12.8	13.3	13.8	14.3
及格	70	7.9	7.8	7.7	7.6	7.5	7.4	8.5	9.4	10.2	10.9	11.5	12.0	12.5	13.0
	68	6.8	6.7	6.6	6.5	6.4	6.3	7.2	8.1	8.9	9.6	10.2	10.7	11.2	11.7
	66	5.7	5.6	5.5	5.4	5.3	5.2	5.9	6.8	7.6	8.3	8.9	9.4	9.9	10.4
	64	4.6	4.5	4.4	4.3	4.2	4.1	4.6	5.5	6.3	7.0	7.6	8.1	8.6	9.1
	62	3.5	3.4	3.3	3.2	3.1	3.0	3.3	4.2	5.0	5.7	6.3	6.8	7.3	7.8
	60	2.4	2.3	2.2	2.1	2.0	1.9	2.0	2.9	3.7	4.4	5.0	5.5	6.0	6.5
不及格	50	1.6	1.5	1.4	1.3	1.2	1.1	1.2	2.1	2.9	3.6	4.2	4.7	5.2	5.7
	40	0.8	0.7	0.6	0.5	0.4	0.3	0.4	1.3	2.1	2.8	3.4	3.9	4.4	4.9
	30	0.0	-0.1	-0.2	-0.3	-0.4	-0.5	-0.4	0.5	1.3	2.0	2.6	3.1	3.6	4.1
	20	-0.8	-0.9	-1.0	-1.1	-1.2	-1.3	-1.2	-0.3	0.5	1.2	1.8	2.3	2.8	3.3
	10	-1.6	-1.7	-1.8	-1.9	-2.0	-2.1	-2.0	-1.1	-0.3	0.4	1.0	1.5	2.0	2.5

小学体育教学法

表6-9　男生一分钟跳绳单项评分表

单位：次

等级		单项得分	一年级	二年级	三年级	四年级	五年级	六年级
优秀		100	109	117	126	137	148	157
		95	104	112	121	132	143	152
		90	99	107	116	127	138	147
良好		85	93	101	110	121	132	141
		80	87	95	104	115	126	135
		78	80	88	97	108	119	128
		76	73	81	90	101	112	121
		74	66	74	83	94	105	114
		72	59	67	76	87	98	107
及格		70	52	60	69	80	91	100
		68	45	53	62	73	84	93
		66	38	46	55	66	77	86
		64	31	39	48	59	70	79
		62	24	32	41	52	63	72
		60	17	25	34	45	56	65
不及格		50	14	22	31	42	53	62
		40	11	19	28	39	50	59
		30	8	16	25	36	47	56
		20	5	13	22	33	44	53
		10	2	10	19	30	41	50

122

单位：次

表6-10　女生一分钟跳绳单项评分表

等级	单项得分	一年级	二年级	三年级	四年级	五年级	六年级
优秀	100	117	127	139	149	158	166
	95	110	120	132	142	151	159
	90	103	113	125	135	144	152
良好	85	95	105	117	127	136	144
	80	87	97	109	119	128	136
	78	80	90	102	112	121	129
	76	73	83	95	105	114	122
	74	66	76	88	98	107	115
	72	59	69	81	91	100	108
及格	70	52	62	74	84	93	101
	68	45	55	67	77	86	94
	66	38	48	60	70	79	87
	64	31	41	53	63	72	80
	62	24	34	46	56	65	73
	60	17	27	39	49	58	66
不及格	50	14	24	36	46	55	63
	40	11	21	33	43	52	60
	30	8	18	30	40	49	57
	20	5	15	27	37	46	54
	10	2	12	24	34	43	51

表6-11 男生立定跳远单项评分表

单位：厘米

等级	单项得分	初一	初二	初三	高一	高二	高三	大一~大二	大三大四
优秀	100	225	240	250	260	265	270	273	275
	95	218	233	245	255	260	265	268	270
	90	211	226	240	250	255	260	263	265
良好	85	203	218	233	243	248	253	256	258
	80	195	210	225	235	240	245	248	250
及格	78	191	206	221	231	236	241	244	246
	76	187	202	217	227	232	237	240	242
	74	183	198	213	223	228	233	236	238
	72	179	194	209	219	224	229	232	234
	70	175	190	205	215	220	225	228	230
	68	171	186	201	211	216	221	224	226
	66	167	182	197	207	212	217	220	222
	64	163	178	193	203	208	213	216	218
	62	159	174	189	199	204	209	212	214
	60	155	170	185	195	200	205	208	210
不及格	50	150	165	180	190	195	200	203	205
	40	145	160	175	185	190	195	198	200
	30	140	155	170	180	185	190	193	195
	20	135	150	165	175	180	185	188	190
	10	130	145	160	170	175	180	183	185

表6-12 女生立定跳远单项评分表

单位：厘米

等级	单项得分	初一	初二	初三	高一	高二	高三	大一大二	大三大四
优秀	100	196	200	202	204	205	206	207	208
	95	190	194	196	198	199	200	201	202
	90	184	188	190	192	193	194	195	196
良好	85	177	181	183	185	186	187	188	189
	80	170	174	176	178	179	180	181	182
	78	167	171	173	175	176	177	178	179
	76	164	168	170	172	173	174	175	176
	74	161	165	167	169	170	171	172	173
及格	72	158	162	164	166	167	168	169	170
	70	155	159	161	163	164	165	166	167
	68	152	156	158	160	161	162	163	164
	66	149	153	155	157	158	159	160	161
	64	146	150	152	154	155	156	157	158
	62	143	147	149	151	152	153	154	155
	60	140	144	146	148	149	150	151	152
不及格	50	135	139	141	143	144	145	146	147
	40	130	134	136	138	139	140	141	142
	30	125	129	131	133	134	135	136	137
	20	120	124	126	128	129	130	131	132
	10	115	119	121	123	124	125	126	127

表6-13 男生一分钟仰卧起坐、引体向上单项评分表

单位：次

等级	单项得分	三年级	四年级	五年级	六年级	初一	初二	初三	高一	高二	高三	大一大二	大三大四
优秀	100	48	49	50	51	13	14	15	16	17	18	19	20
优秀	95	45	46	47	48	12	13	14	15	16	17	18	19
优秀	90	42	43	44	45	11	12	13	14	15	16	17	18
良好	85	39	40	41	42	10	11	12	13	14	15	16	17
良好	80	36	37	38	39	9	10	11	12	13	14	15	16
及格	78	34	35	36	37								
及格	76	32	33	34	35	8	9	10	11	12	13	14	15
及格	74	30	31	32	33								
及格	72	28	29	30	31	7	8	9	10	11	12	13	14
及格	70	26	27	28	29								
及格	68	24	25	26	27	6	7	8	9	10	11	12	13
及格	66	22	23	24	25								
及格	64	20	21	22	23	5	6	7	8	9	10	11	12
及格	62	18	19	20	21								
及格	60	16	17	18	19	4	5	6	7	8	9	10	11
不及格	50	14	15	16	17	3	4	5	6	7	8	9	10
不及格	40	12	13	14	15	2	3	4	5	6	7	8	9
不及格	30	10	11	12	13	1	2	3	4	5	6	7	8
不及格	20	8	9	10	11		1	2	3	4	5	6	7
不及格	10	6	7	8	9			1	2	3	4	5	6

注：小学三年级至六年级：一分钟仰卧起坐；初中、高中、大学：引体向上。

表6-14 女生一分钟仰卧起坐单项评分表

单位：次

等级	单项得分	三年级	四年级	五年级	六年级	初一	初二	初三	高一	高二	高三	大一大二	大三大四
优秀	100	46	47	48	49	50	51	52	53	54	55	56	57
	95	44	45	46	47	48	49	50	51	52	53	54	55
	90	42	43	44	45	46	47	48	49	50	51	52	53
良好	85	39	40	41	42	43	44	45	46	47	48	49	50
	80	36	37	38	39	40	41	42	43	44	45	46	47
及格	78	34	35	36	37	38	39	40	41	42	43	44	45
	76	32	33	34	35	36	37	38	39	40	41	42	43
	74	30	31	32	33	34	35	36	37	38	39	40	41
	72	28	29	30	31	32	33	34	35	36	37	38	39
	70	26	27	28	29	30	31	32	33	34	35	36	37
	68	24	25	26	27	28	29	30	31	32	33	34	35
	66	22	23	24	25	26	27	28	29	30	31	32	33
	64	20	21	22	23	24	25	26	27	28	29	30	31
	62	18	19	20	21	22	23	24	25	26	27	28	29
	60	16	17	18	19	20	21	22	23	24	25	26	27
不及格	50	14	15	16	17	18	19	20	21	22	23	24	25
	40	12	13	14	15	16	17	18	19	20	21	22	23
	30	10	11	12	13	14	15	16	17	18	19	20	21
	20	8	9	10	11	12	13	14	15	16	17	18	19
	10	6	7	8	9	10	11	12	13	14	15	16	17

表6-15 男生耐力跑单项评分表

单位：分·秒

等级	单项得分	五年级	六年级	初一	初二	初三	高一	高二	高三	大一大二	大三大四
优秀	100	1'36"	1'30"	3'55"	3'50"	3'40"	3'30"	3'25"	3'20"	3'17"	3'15"
优秀	95	1'39"	1'33"	4'05"	3'55"	3'45"	3'35"	3'30"	3'25"	3'22"	3'20"
优秀	90	1'42"	1'36"	4'15"	4'00"	3'50"	3'40"	3'35"	3'30"	3'27"	3'25"
良好	85	1'45"	1'39"	4'22"	4'07"	3'57"	3'47"	3'42"	3'37"	3'34"	3'32"
良好	80	1'48"	1'42"	4'30"	4'15"	4'05"	3'55"	3'50"	3'45"	3'42"	3'40"
及格	78	1'51"	1'45"	4'35"	4'20"	4'10"	4'00"	3'55"	3'50"	3'47"	3'45"
及格	76	1'54"	1'48"	4'40"	4'25"	4'15"	4'05"	4'00"	3'55"	3'52"	3'50"
及格	74	1'57"	1'51"	4'45"	4'30"	4'20"	4'10"	4'05"	4'00"	3'57"	3'55"
及格	72	2'00"	1'54"	4'50"	4'35"	4'25"	4'15"	4'10"	4'05"	4'02"	4'00"
及格	70	2'03"	1'57"	4'55"	4'40"	4'30"	4'20"	4'15"	4'10"	4'07"	4'05"
及格	68	2'06"	2'00"	5'00"	4'45"	4'35"	4'25"	4'20"	4'15"	4'12"	4'10"
及格	66	2'09"	2'03"	5'05"	4'50"	4'40"	4'30"	4'25"	4'20"	4'17"	4'15"
及格	64	2'12"	2'06"	5'10"	4'55"	4'45"	4'35"	4'30"	4'25"	4'22"	4'20"
及格	62	2'15"	2'09"	5'15"	5'00"	4'50"	4'40"	4'35"	4'30"	4'27"	4'25"
及格	60	2'18"	2'12"	5'20"	5'05"	4'55"	4'45"	4'40"	4'35"	4'32"	4'30"
不及格	50	2'22"	2'16"	5'40"	5'25"	5'15"	5'05"	5'00"	4'55"	4'52"	4'50"
不及格	40	2'26"	2'20"	6'00"	5'45"	5'35"	5'25"	5'20"	5'15"	5'12"	5'10"
不及格	30	2'30"	2'24"	6'20"	6'05"	5'55"	5'45"	5'40"	5'35"	5'32"	5'30"
不及格	20	2'34"	2'28"	6'40"	6'25"	6'15"	6'05"	6'00"	5'55"	5'52"	5'50"
不及格	10	2'38"	2'32"	7'00"	6'45"	6'35"	6'25"	6'20"	6'15"	6'12"	6'10"

注：小学五年级至六年级：50米×8往返跑；初中、高中、大学：1000米跑。

单位：分・秒

表6-16　女生耐力跑单项评分表

等级	单项得分	五年级	六年级	初一	初二	初三	高一	高二	高三	大一大二	大三大四
优秀	100	1'41"	1'37"	3'35"	3'30"	3'25"	3'24"	3'22"	3'20"	3'18"	3'16"
	95	1'44"	1'40"	3'42"	3'37"	3'32"	3'30"	3'28"	3'26"	3'24"	3'22"
	90	1'47"	1'43"	3'49"	3'44"	3'39"	3'36"	3'34"	3'32"	3'30"	3'28"
良好	85	1'50"	1'46"	3'57"	3'52"	3'47"	3'43"	3'41"	3'39"	3'37"	3'35"
	80	1'53"	1'49"	4'05"	4'00"	3'55"	3'50"	3'48"	3'46"	3'44"	3'42"
	78	1'56"	1'52"	4'10"	4'05"	4'00"	3'55"	3'53"	3'51"	3'49"	3'47"
	76	1'59"	1'55"	4'15"	4'10"	4'05"	4'00"	3'58"	3'56"	3'54"	3'52"
	74	2'02"	1'58"	4'20"	4'15"	4'10"	4'05"	4'03"	4'01"	3'59"	3'57"
	72	2'05"	2'01"	4'25"	4'20"	4'15"	4'10"	4'08"	4'06"	4'04"	4'02"
及格	70	2'08"	2'04"	4'30"	4'25"	4'20"	4'15"	4'13"	4'11"	4'09"	4'07"
	68	2'11"	2'07"	4'35"	4'30"	4'25"	4'20"	4'18"	4'16"	4'14"	4'12"
	66	2'14"	2'10"	4'40"	4'35"	4'30"	4'25"	4'23"	4'21"	4'19"	4'17"
	64	2'17"	2'13"	4'45"	4'40"	4'35"	4'30"	4'28"	4'26"	4'24"	4'22"
	62	2'20"	2'16"	4'50"	4'45"	4'40"	4'35"	4'33"	4'31"	4'29"	4'27"
	60	2'23"	2'19"	4'55"	4'50"	4'45"	4'40"	4'38"	4'36"	4'34"	4'32"
不及格	50	2'27"	2'23"	5'05"	5'00"	4'55"	4'50"	4'48"	4'46"	4'44"	4'42"
	40	2'31"	2'27"	5'15"	5'10"	5'05"	5'00"	4'58"	4'56"	4'54"	4'52"
	30	2'35"	2'31"	5'25"	5'20"	5'15"	5'10"	5'08"	5'06"	5'04"	5'02"
	20	2'39"	2'35"	5'35"	5'30"	5'25"	5'20"	5'18"	5'16"	5'14"	5'12"
	10	2'43"	2'39"	5'45"	5'40"	5'35"	5'30"	5'28"	5'26"	5'24"	5'22"

注：小学五年级至六年级：50米×8往返跑；初中、高中、大学：800米跑。

课后作业

简述学生体质健康水平测试的意义。

第七章　小学体育教师专业技能训练

第一节　口令及队列能力

口令、队列是班级活动、体育教学、大型集会活动等场合中必不可少的内容，是体育教师必须掌握和教授的基本内容之一。如果能很好地掌握和应用口令、队列，就能够达到有效辅助体育教学、提高课堂效率的目标。口令及队列的应用和练习能推动学生纪律意识和集体意识的培养。在实际教学中，体育教师既要掌握该项技能，又要在思想上予以足够的重视，从而为提高体育教学质量奠定扎实的基础。

一、口令中的基本术语

在体育教学中，队列指挥口令分为原地口令和行进间口令。在对原地和行进间口令及队列练习进行介绍前，学生应对口令及队列中的基本术语进行了解。

队列：是指学生站立方向前后左右关系的表现形式。例如，前后站立为一路纵队，左右站立为一列横队。

队形：是指队列所呈现出来的基本形状，它分为原地队形和行进间队形。

列：是指学生左右成排站立，称为列或横队。

路：是指学生前后重叠成一行，称为路或纵队。

翼：是指队形左右两端部分，分为左翼、右翼和轴翼（指在行进间转弯内侧一翼）。

横队：是指两个及两个以上学生左右站立成列所组成的队形。

纵队：是指两个及两个以上学生前后重叠站立成路所组成的队形。

伍：是指两列及两列以上横队中前后重叠的学生。

排头：是指纵队第一个或横队右翼的学生。

排尾：是指纵队最后一个或横队左翼的学生。

基准学生：是指教师所指定的行动目标学生。

集合：是指学生按照教师要求，由不受约束状态呈规定队列、队形站立的状态。

解散：是指学生离开原来位置，不受队列、队形约束的状态。

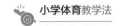

口令：分为连续口令和拉长口令。一般来说，口令的前面部分为预令，后面部分为动令。连续口令只有动令没有预令。拉长口令由预令和动令组成。例如：向前（预令）——看（动令）、立正、稍息（没有预令）。

二、原地基本口令及队列练习

在体操和体育教学过程中，原地基本口令及队列是组织教学、提高效率的有效保证。原地基本口令及队列包括：立正、稍息、集合、解散、向右（左、中）看齐、报数、原地间转法、一列横队变二列横队及还原、一路纵队变二路纵队及还原。按照其表现形式的不同，又可以将以上口令及队列分为三类：第一类为集合整队常用动作，如立正、稍息等；第二类为原地间转法，如向右（左、后）转、半面向右（左）转；第三类为原地队列变换，如一列横队变二列横队及还原等。

（一）集合整队常用口令及队列

1. 立正

（1）口令：立正！

（2）动作要领：两脚跟靠拢并齐，两脚尖向外分开约60°；两腿挺直；小腹微收，自然挺胸；上体正直，微向前倾；两肩要平，稍向后张；两臂自然下垂；手指并拢，自然微屈，拇指尖贴于食指的第1节，中指贴于裤缝；头要正，颈要直，口要闭，下颌微收，两眼目视前方（如图7-1所示）。

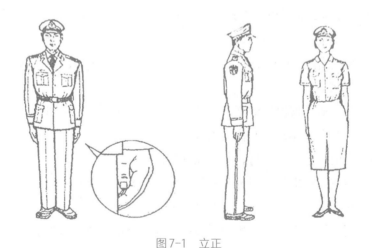

图7-1　立正

2. 稍息

（1）口令：稍息！

（2）动作要领：左脚朝脚尖方向伸出约全脚的2/3，两腿自然伸直，上体保持立正姿势，身体重心大部分落在右脚。

3. 向右（左）看齐

（1）口令：向右（左）看——齐！

（2）动作要领：基准学生不动，其他学生向右（左）转头约45°，眼睛看向右（左）邻人的腮部，前4名能通视基准学生，自第5名起以能通视到本人以右（左）第3人为度。后列人员向右（左）看齐，余光向前对正，通过碎步进行快速调整。

4. 向中看齐

（1）口令：以××同学为基准，向中看——齐！

（2）动作要领：基准学生不动，其他学生按照向右（左）看齐动作要领行动。基准学生听到"以××同学为基准"时，左手握拳高举，听到"向中看齐"后，将手放下。

5. 向前看

（1）口令：向前——看！

（2）动作要领：基准学生不动，其他学生立即收头转正，恢复原来的立正姿势。

6. 报数

（1）口令：从右（左）至左（右）——报数！

（2）动作要领：从右（左）至左（右）报数时，学生向左（右）转头，以短促有力的声音报数，最后一名学生不转头。

7. 集合

（1）口令：成×列（路）横（纵）队——集合！

（2）动作要领：按照教师口令，基准学生迅速就位，其他学生向基准学生看齐，并以立正姿势站立。

（3）教师手势：①成纵队集合时，教师将右手握拳，手臂成90°角于体前上举；②成横队集合时，教师将左手握拳，手臂成90°角于体侧上举，右手握拳，手臂于体侧平举。

8. 解散

（1）口令：解散！

（2）动作要领：听到"解散"口令时，学生迅速离开原位。

（二）原地间转法

1. 向右（左）转

（1）口令：向右（左）——转！

（2）动作要领：以右（左）脚跟为轴，右（左）脚跟和左（右）脚掌前部同时用力，向右（左）转90°，体重落在右（左）脚，左（右）脚靠拢右（左）脚，转时，两腿挺直，大腿内侧夹紧，上体保持立正姿势。

2. 向后转

（1）口令：向后——转！

（2）动作要领：按向右（左）转的要领向后转180°，转时，两大腿靠拢并保持适当用力。

3．半面向右（左）转

（1）口令：半面向右（左）——转！

（2）动作要领：按向右（左）转的动作要领，向右（左）转45°。

（三）原地队列变换

1．一列横队变成二列横队

在一列横队的基础上报数，单数学生不动，双数学生左脚后退一步，接着右脚后撤，顺势向右横跨一步，左脚向右脚靠拢，成立正姿势，站在前一单数学生后面。

2．二列横队变成一列横队

在一列横队变二列横队的基础上，双数学生左脚向左前上方跨一步，右脚向左脚靠拢，成立正姿势，站在前列单数学生左侧。

三、行进间基本口令及队列练习

在体操和体育教学的过程中，根据教学需要对学生队伍进行组织和调动，行进间的口令及队列对于有效、有序地调动学生队伍有着积极而重要的作用，好的行进间口令及队列能够令教学达到事半功倍的效果。行进间口令及队列包括：齐步走、正步走、跑步走、踏步、立定、向左（右）转走、向后转走、横队方向变换、纵队方向变换、一列横队变二列横队、一路纵队变二路纵队等。根据行进间口令及队列的特点，本将其分为行进间队列动作、行进间转法和行进间队列变换三类。

（一）行进间队列动作

1．踏步

（1）口令：踏步！

（2）动作要领：两脚在原地上下起落，抬起时，脚尖自然下垂，离地面约15厘米，上体保持立正姿势。听到"前进"口令，继续踏两步，再前进。

2．齐步走

（1）口令：齐步——走！

（2）动作要领：左脚先往前迈，步幅约75厘米，右脚同理。行进中，上体正直，微向前倾；两手微握拳；两臂前后自然摆动，向前摆时，小臂稍向里合；手约与第五衣扣或肚脐同高并不超过衣扣线。行进速度为每分钟约120步。

3．正步走

（1）口令：正步——走！

（2）动作要领：左脚踢出（脚掌离地面约20厘米并与地面平行，腿要绷直）至约75厘米处，适当用力着地，身体重心前移，右脚照此法行进；行进时，上体正直，微向前倾；手指轻轻握拢；摆臂时，向前摆肘部弯曲，小臂略平，手腕摆到第三、四衣扣或胸腹之间，离身体约15厘米，手心向内稍向下，向后摆到不能自然摆动为止。行进速度为每分钟约116步。

4.跑步走

（1）口令：跑步——走！

（2）动作要领：听到预令后，两手迅速握拳提到腰际，拳心向内，肘部稍向里合；听到动令后，上体微向前倾，两腿微弯，同时左脚利用右脚掌的弹力跃出约80厘米，前脚掌着地，身体前移，右脚照此法行进；两臂自然摆动，向前摆不露肘，小臂略平，稍向里合，两拳不超过衣扣线，向后摆不露手。行进速度为每分钟约180步。

5.立定

（1）口令：立——定！

（2）动作要领：齐步和正步时都是左脚向前大半步，右脚靠拢左脚，成立正姿势；跑步时，继续跑两步，然后左脚向前大半步，右脚靠拢左脚，同时将手放下，成立正姿势；踏步时原地立定。

（二）行进间转法

1.向左（右）转走

（1）口令：向左（右）转——走！

（2）动作要领：右（左）脚向前半步，脚尖稍向左（右），身体向左（右）转90°，同时出左（右）脚，向新方向行进。

2.向后转走

（1）口令：向后转——走！

（2）动作要领：左脚向前半步，脚尖稍向右，以两脚掌为轴，从右向后转180°，出左脚向新方向行进。转时，两臂自然摆动，不得外张。

（三）行进间队列变换

行进间队列变换的形式多样，在此仅介绍最为基本的行进间一列横队变二列横队、二列横队变一列横队和行进间一路纵队变二路纵队、二路纵队变一路纵队。

1.行进间一列横队变二列横队

（1）口令：成二列横队——走！

（2）动作要领：听到口令后，单数学生继续前进，双数学生原地踏脚两步，第三步则进到单数学生的后面，并随之继续前进。

2.行进间二列横队变一列横队

（1）口令：成一列横队——走！

（2）动作要领：行进间要使二列横队变为一列横队，先使各学生离开一步的间隔，然后下口令。听到口令后，单数学生原地踏脚两步，双数学生向左跨一步，右脚不靠拢

左脚，而是向前跨一步，进到单数学生的左边，并随之继续行进。

3.行进间一路纵队变二路纵队

（1）口令：成二路纵队——走！

（2）动作要领：听到口令后，基准（排头）学生以小步行进；双数学生进到单数学生的右方，各学生按规定间隔和距离，仍以小步行进；直到听见"照直前进"或"立定"的口令为止。

4.行进间二路纵队变一路纵队

（1）口令：成一路纵队——走！

（2）动作要领：听到口令后，左边一路的基准（排头）学生照直前进，其他学生则以小步行进，待留出双数学生的空隙后，双数学生向右插入单数学生的后面，并按规定的距离，继续以原步幅行进。

第二节　讲解与示范能力

与其他课程相比，体育课具有其独特性。讲解与示范是体育教师实现体育教学目的、传授体育基础知识的基本途径。其他学科领域的教师向学生讲授教学内容时，可以有多种途径和方式，但体育教师几乎只能依靠语言讲解和动作示范的方式。讲解与示范在小学体育课教学中尤其重要。

一、讲解与示范的合理位置与示范技巧

（一）教师确定讲解与示范的位置

教师在教学中讲解与示范的位置要合理，以便于学生观察教师的动作，进行模仿和学习。这就要求教师能正确、合理地调整学生的队形，保证所有的学生都能清晰地看到教师示范。体育教师必须始终关注教学中的各种情况，并有意识地、合理地选择不同的站位，以便每时每刻都能观察全班学生的活动。一旦学生集中了注意力，教师必须确定好自己下一步教学任务讲解与示范的位置。

教师讲解与示范的位置应尽量避免分散学生的注意力。例如，如果是在户外进行体育教学，那么，教师应该自己面对太阳，这样学生就不会因太阳光刺眼而分散注意力。如果和其他体育教师共用体育场馆，教师所处的位置应尽量减少班上学生受到其他班学生上课的干扰。在体育教学中，教师的站位应该确保全班的学生都能听到教师的讲解。如果学生成分散队形进行练习，就听不到教师的声音了。因此，在进行讲解之前，教师必须将学生召集到身边，以确保他们都能清楚地知道要怎样进行练习。

（二）示范技巧

有效的示范不是自动产生的，它需要仔细地设计。体育教师在做动作示范时可以运用如下示范技巧。

1. 示范完整动作

在强调部分或一个动作要点前，教师要示范整套动作。而且，应该以合适的速度完成的整套动作的示范。这包括在课堂开始时一个完整的动作示范和整节课的任务介绍。教师容易犯的一个错误就是只示范某一技术的一部分。这会让学生不明白演示的这部分动作是如何和整套动作联系起来的。教师最好假设至少有一个学生对于课堂上所教的动作是完全陌生的，这样会更有利于教师专注于讲解分解动作和整个动作是如何连贯完成的。

2. 关注动作重难点

为了帮助学生轻松地理解动作的要领和重要技巧，教师在做动作示范时要格外关注动作的重难点。这些动作重难点的学习往往是影响学习效果的主要因素之一，是学生学习中最重要的部分。需要牢记的是，小学生通常一次只能记住一个技术动作的一部分，因此教师在做动作示范时，对重难点的讲解要循序渐进。部分教师在教学时会一次性给学生灌输很多内容，但是有经验的教师往往会专注于一个部分的重难点练习，从而提高学生的学习效率。实际上，信息量太多会过度刺激和迷惑学生，阻碍学生在脑海中形成完整的动作表象。因此，高效率示范的关键在于关注动作的重难点，在于"精讲多练"。

3. 提供正确的动作示范

提供具有精准信息的动作示范对于学生最终获得正确的学习方式是至关重要的。学生更专注于他们从视觉上获得的内容，因此动作示范中的错误示范容易被学生模仿。教师可以通过正确的技术示范，借助专业人士、图画、音频或者其他手段来展示正确的动作示范。

4. 灵活运用组织形式

在小学体育教学中，教师需要灵活运用组织形式，使班级、小组等集体成为帮助学生学习的一种"动态的集体力量"。例如，在体育教学时，教师不要急于讲解新授知识和动作要领，而是先创设教学情境，在进行完整的动作示范之后，组织学生以学习小组为单位展开讨论，使学生在热烈探讨的气氛中积极参与思维过程，自然而然掌握新授知识的内容。此外，灵活运用组织方式可以减少学生的困惑，节省管理和指导的时间。

5. 示范常见的错误

教师在示范中应反复强调那些常见的错误，从而使学生避免犯错。例如，在篮球跳投练习中，学生经常跳向篮圈的方向而不是垂直向上跳。体育教师可以给学生示范这一常见错误。当然，这个错误的示范应该在正确的示范动作之后进行，最后再次示范正确的动作。这样能督促学生向着正确、成熟的动作技能方向进步。

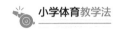

6. 学生参与示范

有的学生认为体育教师应在课堂上示范全部的技术动作，但是很少有教师能够对每个技术动作都很精通。事实上，学生可以通过观察同学的示范并从中获益。同学间的技术水平相差不大，同学的示范动作比教师的示范动作更让学生感兴趣。同时，学生参与示范能够让教师有更多的精力来观察其他学生的表现。明智的教师会选择那些乐于表现的学生来示范，并且给他们提供平等的示范机会。同时教师也要鼓励那些害羞的学生来做示范，以增强他们的信心。

二、徒手操讲解与示范

（一）徒手操的讲解

教师在讲解徒手操时，用语言向学生说明所学动作的名称、要领、方法及要求，讲清动作的方向、路线、部位及身体各部分的配合方法，以简明扼要、生动形象、通俗易懂的语言，加深学生对动作的理解。讲解时应注意以下几点。

第一，讲解要有重点，针对性强。如两臂侧平举，掌心向下。

第二，讲解内容要正确，符合小学生的接受能力和理解能力。简单动作可完整讲解，复杂多变的动作需要分解讲解。

第三，讲解应注意积极启发学生思维。讲解要富有感情，声调、口令、表情、节奏要有变化，有时要伴以手势和动作。

第四，注意讲解的位置和时机。

（二）徒手操的示范

示范是教师用具体动作做范例或演示的直观形式，可以让学生了解要学习的动作、方法和要领，不仅可以建立正确的动作表象，还可以提高学生学习的兴趣。示范时应注意以下几点。

1. 示范要有明确的目的

学新动作时，以建立正确动作表象为目的；复习动作时的示范，以规范动作为目的。

2. 示范要正确，力求熟练、轻快

高质量的示范会激发学生的积极情绪，继而让他们跃跃欲试、积极模仿。

3. 选择合适的示范面和示范速度

徒手操教学中，教师示范的形式有三种，即镜面示范、侧面示范、背面示范。

（1）镜面示范，一般适用于简单的动作，既便于学生模仿，又便于教师观察学生的学习情况。

（2）侧面示范，一般适用于显示前后方向的动作。

（3）背面示范，一般适用于动作方向、路线及配合比较复杂的动作，以便于学生跟着做。

三种示范形式各有优点，教学中应结合实际情况灵活运用。对于某些四肢、躯干配合比较复杂的动作，可采用分解示范和局部示范的方法。对于简单动作，可用正常速度示范，而对于复杂或者难度较大的动作，可用慢速示范、边讲边示范、重复示范等方法。

徒手操的讲解与示范应结合运用，在生动的直观教学中引导学生学习和思考。

三、田径基本技能讲解与示范

田径基本技能的讲解是指教师用语言向学生说明教学目标、动作名称、动作要领、动作方法规则与要求等，指导学生进行运动技能学习，进而掌握运动技能。动作示范是指教师或指定学生，以具体动作为范例，使学生了解所要学习的动作结构、要领。

在田径教学中，教师正确运用讲解与示范，可以使学生更快地建立和形成完整的动作概念，有助于学生掌握跑、跳、投等运动项目的正确技能和技术，提高田径教学质量。教师在讲解时应做到以下几点。

（一）讲解要突出重点，具有启发性

田径项目繁多，而且每个项目的技术动作比较复杂，它的完整技术动作是由几个部分动作组成的，但其中必定有关键技术动作或者技术动作的主要部分。教师应该熟悉教材，抓住技术动作的重点进行讲解和示范，使学生学习有重点、练习有目的，从而较快地掌握正确的技术动作。

（二）讲解要生动形象，简明扼要

在田径教学中，教师要善于借助学生在生活中已经接触过的事物或已经学过的运动技术，将其与所学技术动作紧密联系。讲解语言生动形象，举例得当，提高学生学习的兴趣，使他们对所学动作要领理解快、印象深、记得牢，从而收到更好的教学效果。

（三）注意讲解的时机和效果

学生只有认真学习和领会，才能产生好的教学效果。在队伍调动、学生注意力不集中、激烈运动后呼吸尚未稳定时不宜讲解。而在学习或练习前要系统讲解，学生出现错误动作时要及时纠正，学生对某技术动作产生疑惑时要进行解答，强化技术细节时要重点讲解学习，练习后或在小结时也可进行讲解。

（四）灵活运用讲解的多种形式

讲解可采取集中与分散、集体与个别相结合的形式。

当大多数学生出现相同错误动作或对某个动作的概念理解不清时，可以停止练习，采用集中讲解的形式把产生错误的原因及纠正方法做进一步阐述，使学生进一步了解动作概念，逐步掌握技术环节和要领；分散讲解是针对学生存在的不同问题分别给予指正，而不中断全班的练习，只中断需要指导的个人或小组的练习。前者常用于学习开始阶段，后者常用于复习巩固阶段。

四、球类基本技能讲解与示范

（一）讲解法在球类基本技能教学中的运用

球类基本技能讲解是指对球类运动的技术动作进行概念、原理及方法方面的解释、分析和论证。讲解是球类教学中的主要方法之一。讲解时必须做到言简意赅、恰到好处，同时还要注意利用通俗易懂的语言及专业术语和口诀进行讲解，这样学生不仅可以了解球类技术动作的相关知识及动作概念，而且还可以利用自身的思维来建立科学的动作概念。讲解法在球类基本技能教学中的运用具体要注意以下几个方面。

1. 突出重点

首先，教师应根据教学内容及要求，结合教材，抓住每个技术动作的要点进行讲解。其次，讲解要精辟，要掌握并着重讲解技术动作的关键环节和重点部分，使学生能够清楚地了解技术动作的关键点，不要面面俱到，而要突出重点。

2. 语言要生动、形象

球类运动的技术动作名称具有明显的形象化特征，教师在讲解时应注意语言的生动性和形象性，在教学时应多利用贴切有趣的比喻，使学生能迅速理解所要学习的知识。

3. 注意讲解的顺序

在进行技术动作的讲解时要特别注意讲解的顺序，通常来说，技术动作讲解的顺序是先下肢站位、步法，再上肢手形、手法。依照顺序进行讲解，可让学生准确掌握相关技术动作。

4. 讲解要突出重点和把握时机

教师在讲解球类运动技术动作时切忌拖沓冗长，应言简意赅地精讲，将有效信息传递给学生，给学生留下更多的练习体会时间。这就要求教师熟悉球类运动教材的重难点，了解每一项技术动作的特点和学生的素质，善于将每一项技术动作重新拆分教学，让学生在比较中学习，提高课堂授课效果。同时，球类运动教学讲解要及时，时机选择要恰到好处，学生在学习球类运动动作的初期，由于对技术动作理解有限，很难做标准，教师要适时为学生详细分析技术动作要领，纠正错误的动作，帮助学生夯实基础，经过反复练习和纠错，学生能细致地体会技术动作的特点。

（二）示范法在球类运动教学中的运用

示范法是球类运动教学中最常使用，也最直观的教学方法，主要是指通过教师的动作示范让学生了解所要学习动作的表象，并让学生掌握所要学习动作的结构和要领。在进行球类运动教学的过程当中，正确的示范，可使学生迅速获得所要学习动作的直接感受，提高学生掌握动作的效率，同时通过教师的示范还可有效激发学生兴趣，提高学生学习的主动性和积极性。示范的方法非常多，不同方法可达到不同的教学效果。

1. 球类运动教学中的示范方法

球类运动教学中的示范方法主要包括完整示范法、分解示范法、对比示范法、图片与视频示范法。完整示范法是教师将球类运动某一技术动作的发生过程进行完整演示，通常球类运动基础动作采用此种演示方式，教学效果明显。分解示范法是教师将难度大、技术要求细的动作，通过分解演示，将技术动作的重点与要领传授给学生，使学生形成直观的表象认识，通过大量的模仿练习，最终掌握难度较高的技术动作。

2. 示范时要讲究示范的位置

球类运动教学示范的位置有三种：队列前示范、队列中示范、错队斜位示范。队列前示范是教师位于横队的前端，要保证队列两端都能够看到教师的动作示范。队列中示范是教师位于两队平行队列的中间，球类运动教学中的练习可以采用此种队列示范。当学生人数较多时，采用错队斜位示范。在球类运动教学中采用哪一种队形和方位示范，教师要根据技术动作的特点和学生的需求进行选择。

3. 示范力求准确优美

球类运动对青少年极具吸引力，教师在做动作示范时，应保持身体的放松、协调，动作的优美、洒脱，这样会对学生产生感官上的直接触动，激发其学习球类运动的兴趣，为良好的课堂教学效果奠定基础。

4. 示范要突出教学重、难点

学生在学习球类运动技术动作时，主要就是学习该技术动作的重、难点部分，因此教师在示范技术动作时，一定要将技术动作的重、难点部分演示出来，配合详细的讲解，使学生清楚地了解技术动作的关键，掌握技术动作。

（三）球类动作示范实例分析

1. 篮球原地单手肩上投篮

教师做投篮示范时，学生往往更关心教师能否把球投进篮圈，而忽略了观察投篮动作。为了吸引学生观察教师的示范动作，教师可以指定一名学生站在教师对面接球，教师做投篮示范时把球投向对面学生，避免其他学生把注意力集中在观察教师能否投中上，而忽略了观察投篮动作。当然，在合适的时候，教师还要面对篮圈示范，以便学生观察投篮时球的运行轨迹。投篮示范时，要让学生站在两侧观察，这样能更完整地看到单手肩上投篮时各个动作环节之间的关系。投篮的示范一般多采用侧面示范，也可在侧面示范后再做一次正面示范，以便学生了解投篮时肘关节的方向和全面、多方位地观察投篮动作。投篮示范的重点是投篮的预备动作和投篮时的用力情况。

2. 排球正面双手垫球

为了让学生看清垫球动作中的击球点和击球部位，可找一名同学配合教师进行示范，让学生面对其他学生做好正确的手形，教师持球置于其正确的垫击部位。演示垫球手形的示范位置要距离学生近一些，以便学生清晰地进行观察。完整的垫球动作应先做正面

和侧面示范，然后再讲解。也可边讲解边做慢速的徒手示范。完整示范要做侧面示范，着重示范手臂的下插抬臂、击球点、身体的协调用力等。

五、体操、武术基本技能讲解与示范

（一）体操基本技能讲解与示范

体操课程区别于其他学科课堂的特点是：学生处于动态的大环境，主要以身体练习与思维活动作为学的手段、方法，并在练习中需要大量的保护与帮助。特别是单杠、双杠等技术类体操学习，教师在讲解与示范技术动作的同时，也要对保护与帮助的动作进行讲解与示范，让学生在安全、有序的情况下进行动作练习。教师讲解、示范的水平与能力如何，直接影响体操课程教学的效果。教师在讲解与示范时应努力做到以下几点。

1.讲解要抓住教材关键，突出重、难点

首先，体操教师在讲解技术动作的过程中，要根据不同项目的动作和要求，在认真钻研、吃透教材的基础上，抓住动作的关键点。其次，讲解要精练，对于技术动作的重、难点部分，要加以分析并反复表达清楚，力求讲得透彻，讲得通俗易懂，使学生明确技术的关键点，使其在最短的时间内牢固掌握动作要领。

2.讲解要准确精练、生动形象

讲解的内容必须正确，具有科学性，有一定的逻辑性。用精练的术语、有效的时间，把技术动作的概念、技术要领直观形象地讲明白，把各种练习方法及手段有层次地交代清楚，使学生一听就懂，便于理解、记忆。例如，在讲解自由体操项目侧手翻技术动作时，可把动作结构及概念生动形象地创编成口诀，即：空中一个面，地上一条线。

3.讲解形式要多样化

在体操课程教学过程中，教师要根据教材的内容进行讲解与分析，可采用不同的形式讲解。对于比较简单的动作，可用完整讲解；对于比较复杂的技术动作，应用分段讲解。可集中讲解，也可分散讲解。讲解时不但要讲解正确的要领，也要讲解易出现的错误动作，同时分析造成错误动作的原因，这样可以加深学生对正确技术的概念理解。

4.示范目的要明确

示范的目的是使学生了解某种动作的形象，告诉学生这种技能的动作结构是什么样的。所以，在体操教学中，教师应根据教学任务以及学生的实际情况进行示范，例如初学阶段，为了使学生建立完整的动作概念，应先做完整的技术动作示范，再根据教学要求讲解示范，对关键技术动作要重复示范。示范前教师必须向学生讲清观察示范的方向、部位和时间，使学生尽快明白如何根据自己完成动作的情况观察教师的示范，达到抓住重点、突破难点的目的。另外，教师的示范动作要力求规范、连贯、完整、优美。实践证明，教师准确、熟练、轻快、优美的示范可消除学生的心理障碍，激发学生兴趣，调动学生的学习积极性，这对促进学生掌握正确的动作要领十分重要。

5. 示范的位置、方向要正确

示范的目的是给学生做范例，这就得让全体学生都听得见、看得到。因此，教师的示范不仅要规范，还要特别注重示范的位置和方向。要根据学生的队形、动作性质以及安全的要求来选择最佳位置进行示范及带领学生练习。示范的方向应根据动作的结构和要求、学生观察动作的部位而定。教师应尽量让示范动作的方向、路线与学生跟做的方向、路线相一致，可采用正面示范、背面示范、侧面示范和镜面示范等方式。如果教师示范的位置和方向选择不当，会使部分学生因看不清完整、连贯、正确的动作而产生错觉，形成错误的技术概念，示范就失去了作用，直接影响教学效果。

6. 示范的形式要多样化

示范要根据学生的实际情况，做重点完整示范、分解示范以及正常速度和慢速的示范。如对于新技术动作，教师应先用正常速度示范一次完整的技术动作，使学生初步了解动作的完整技术结构后，再根据本节课内容用慢速分解示范，使学生了解动作的要领、要求等，建立一个完整的动作表象。另外，也可用直观教具进行示范，如录像、图解等，以弥补示范的不足，增加讲解的实效性。在练习的过程中，教师还应针对学生存在问题的具体情况，让掌握技术动作较好的同学进行示范练习，然后教师加以分析，必要时教师可模仿学生的错误动作加以对比。这样，正确的技术动作会在学生的脑海中留下深刻的印象，从而提高教学效果。

7. 讲解与示范应结合运用

讲解与示范结合运用的形式有先示范后讲解、先讲解后示范、讲解为主示范为辅、示范为主讲解为辅、边讲解边示范，旨在提高教学效果和教学质量。

（二）武术基本技能讲解与示范

武术是以技击动作为主要内容，以功法、套路和搏斗为运动形式，注重内外兼修的中国传统体育项目，它经历了漫长的历史发展过程，逐渐成为我国特有的一种内容丰富精深、社会价值广泛、文化色彩浓厚的体育文化形态，是我国传统文化的重要组成部分。按运动形式可将武术分为功法运动、套路运动、对抗性运动三种。按技击方法可将其分为拳法、掌法、腿法三种。

1. 武术讲解的内容

（1）基本技法和基本规则。便于学生掌握好技术动作。例如，向前冲拳、推掌，要求拳高不过肩，掌不过眉，眼随手走，力达拳面、掌根；而收回腰间抱拳时，总是拳心向上。

（2）动作规格。便于学生明确动作的质量标准和技术要求。例如弓步前腿弓，膝关节弯曲成90°左右；后腿蹬，全脚掌着地，上体与地面垂直，两脚左右相距约一脚。

（3）动作的攻防含义。武术的任何一个动作都具有攻防含义，在练习时明确动作的攻防含义，使学生明确所学动作的具体内涵，有助于学生准确理解和掌握动作的攻防转

换的技术要求。

（4）关键环节。教师明确地讲解掌握动作的关键所在（如冲拳时要拧腰送肩），能帮助学生较快地理解和学会动作。

（5）易犯的错误。多讲解动作易犯的错误（如虚步时不屈膝，站立），能帮助学生较快地理解和学会动作。

2. 武术讲解的方法

（1）形象化讲解：如讲解"提膝亮掌"，犹如金鸡独立。

（2）口诀化讲解：如讲解弓步，口诀"前弓步，后腿绷，挺胸、立腰、别晃动"。

（3）单字化讲解：如讲解"腾空飞脚"，蹬地跳起、摆腿提腰、击拍过程归纳为"蹬、摆、提、拍"四个字。

（4）术语化讲解：如"沉肩""坠肘""插步"等，采用术语讲解，可使讲解动作更为简明扼要，提高学生的学习效率。

（5）讲解动作要领，尽量用少的语言进行讲解，如"搂手""左弓步""冲拳"，用简单的动作要点提示或动作名称提示，由慢到快，由单一动作演练到几个动作连贯演练，教师结合学生的练习情况，采用个别辅导或集体纠正。

3. 武术的示范

武术套路属于技巧类的运动技术，尤其需要准确、生动的示范，这既可给学生一个深刻的初步印象，又可激发学生的学习兴趣。在示范时，为了使学生能比较清楚地观察到示范动作，教师应注意对示范位置的选择和对示范面的运用。

（1）武术教学示范一般分为完整示范和分解示范两种。

教师对所学动作进行完整示范，可以使学生了解动作的全貌，通过表象训练建立起动作的整体性概念。一般在下列情况下采用完整示范。

①首次教学内容的武术动作。

②学习结构简单和难度不大的动作。

③对有一定武术基础且对所学动作已有所了解的学生。

分解示范能方便学生感知和了解所学动作的细节，提高学生掌握动作的准确性。一般在下列情况下采用分解示范。

①结构比较复杂、方向路线变化较多的动作。

②攻防因素较多、动作转换较快的动作。

③有轻重之分或突然改变方向的动作。

教师在采用分解示范时应注意分解的合理性，不宜将动作分解得过细，在完成合理的分解教学后，应尽快过渡到完整示范。

（2）武术示范的位置。

示范位置有讲解示范位置和领做示范位置两种。

讲解示范位置：教师在横队的排头、排尾的连线构成的等边三角形的顶点位置示范（见图7-2）；教师在相向而立的二列横队之间的空地位置示范（见图7-3）；教师在半圆形或马鞍形的队形中间位置示范（见图7-4）。

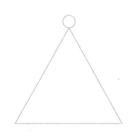

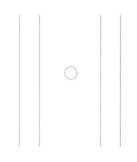

图7-2　顶点位置示范　　　　图7-3　空地位置示范　　　　图7-4　中间位置示范

由于武术动作方向变化较多，无论采用哪种示范位置，教师都要以大多数学生能看到示范动作为原则来选择示范位置。

领做示范位置：领做示范在武术教学中最为常见，教师领做示范的位置通常在学生排面的左前方，可让学生队伍的奇数排向右半步走，形成无遮挡队列，从而兼顾到所有学生；当运动方向改变时，教师需要更换位置。为了避免教师换位造成练习停顿，可以采取在练习队形的四角安排基础较好的学生进行领做加以辅导。基础较好的学生的四面示范作为教师示范的一种补充，可以用来弥补因动作方向变化而出现示范中断的情况。教师示范应着重放在教授动作的讲解和示范动作的准确、规范上，而较为复杂、需要分解的动作教学则更需要教师的示范。

（3）示范面。

武术教学的示范面有背面、正面、侧面、斜面等多种。在具体教学时，要遵循以下几点原则。

①身体侧向行进的动作，采用镜面示范或背面示范。

②身体正向行进的动作，采用侧面示范。

③不能采用正面、背面或侧面示范的动作，可做斜面示范。

④为了让学生看清动作的几个不同部位，同一个动作也可选用若干个示范面进行示范。如为了让学生看清马步两脚开立的距离要求，可做正面示范；为了让学生看清马步要挺胸、立腰，可再做侧面示范。

讲解与示范是不可分割的，要根据教材的难易程度和学生的水平，将二者有机结合起来。武术教学可以先讲解后示范，也可以先示范后讲解，还可以边讲解边示范。一般来说，对水平较低的初学者，示范是主要的；对有一定基础的练习者，讲解与示范并重。

第三节　体育游戏的创编与教学

体育游戏是以身体练习为基本手段，通过游戏的形式表现，有规则和制度约束的，以不断增强体质、愉悦身心和陶冶情操为目的的体育活动。

一、体育游戏的创编原则

创编体育游戏时应遵循以下几个原则。

（一）健身性原则

体育游戏以身体练习为基本手段，学生通过体育游戏要达到锻炼身体、增强体质的目的，健身性原则是创编体育游戏的基本原则。

（二）趣味性原则

趣味性是体育游戏的根本所在。少年儿童好奇心强、好胜心强，喜欢参与、喜欢挑战、喜欢竞争。因此创编得有趣、有吸引力，且带有比赛性质的游戏，往往更受他们的欢迎。

（三）教育性原则

教育要体现以人为本，体育游戏也不例外，少年儿童思想与行为的可塑性比较强，编写的体育游戏的思想内容要积极健康，要使少年儿童在游戏活动中得到正面教育，促进他们健康成长。

（四）针对性原则

创编体育游戏不仅要考虑教学任务、学生实际情况，也要考虑天气、场地器材等因素，需要灵活地运用教材，要因材施教，也要因地制宜，要有针对性。

（五）适量性原则

少年儿童争强好胜，参与感兴趣的体育游戏时往往全力以赴、不遗余力，以致造成过度疲劳甚至伤害。所以，创编体育游戏时应考虑游戏的性质、完成难度、密度强度和总的运动量等因素。

（六）安全性原则

考虑游戏的动作设计是否容易引起伤害事故，教学方法是否合理，场地安排是否注意了安全因素，如间隔距离、周围障碍物等。

（七）新颖性原则

创编游戏注意吸收新信息、增加新观念，要了解掌握体育活动发展的新动向，采用新方法、新手段，增加新内容，创编游戏要富于时代气息，满足现代人求新、求异、求变的心理需求。

二、体育游戏的创编方法

（一）程序法

体育游戏创编的全过程，遵照一定的逻辑程序，按先行普遍运用的模式进行编写。这是必须掌握的方法。

第一，根据设想和条件及已有的资料，提出创编游戏的目的和任务。

第二，经过构思设想，选定内容，选择格式，设计游戏的基本模型。

第三，反复实验、推敲，仔细观察，逐一修改，验证游戏的科学性、可行性。

第四，制作、修订、完善、定型，并按游戏目的、游戏准备、游戏方法、游戏规则和教学建议等方面的内容进行编写。

【示例】

运球绕杆接力

一、游戏目的

提高控球、运球能力和身体的协调性。

二、游戏准备

篮球4个，篮球场1块，标杆若干。

三、游戏方法

将参加游戏的学生分成人数相等的四队，按顺序排在起跑线的一侧，排头的同学拿球。比赛开始后，排头的同学运球出发，依次绕过标杆，跑完最后一根标杆后折返跑，跑回起跑线将球交给第二位同学，第二位同学接着运球绕杆，排头的同学到队伍的末尾排队，以此类推，全部做完，速度快的一队为胜。

四、游戏规则

1.运球前进时，如球滚离，必须捡回原处再继续运球前进。

2.运球到端线交接球时，只能运球，不能传球。

五、教学建议

1.该游戏难度适中，适于各技术层次的学生参加。

2.如再增加难度，可进行运双球跑、曲线运球、障碍运球等。

（二）思维法

创编游戏首先要善于提出问题，分析矛盾的主要方面和次要方面，然后运用比较法进行鉴别分析。一是横向比较，把已知的同类游戏联系起来进行比较，合理利用其他方面的成果，提高认识，想到更多的问题或方法；二是纵向比较，体育游戏有其自身发展变化的规律，要学会利用发展规律去创编。

（三）实验法

创编体育游戏应该遵循构思、实验、创编、修改、再创编的过程。比如利用木块创编《投石过河》的游戏，怎样投石、怎样踩脚才能使游戏具有趣味性和教育性，这些都要在学生中实验，听取意见，观察实效，再经过必要的修改。这样，才能创编出让学生满意的游戏。

（四）移植法

这是一种行之有效的方法。将教材中较为实用的游戏，从内容、组织形式到方法手段进行移植改造，使创编的新游戏更符合教学的实际。比如田径的接力赛，可采用改头换面的办法移植跑的内容，改变跑的形式，创编出圆圈接力跑、变向接力和迎面接力、运球接力、搬球接力、负重接力、跳跃接力等新游戏。

（五）变化法

教师可选择容易变通的游戏，举一反三地变化和发挥，创编出新的游戏。比如，"斗鸡"是由两个人在圈内进行对抗的游戏，根据这个游戏的特点，稍加变化，可创编出推人出界、直立推手、跨跳推手等创新游戏。

（六）提炼法

将一些民间游戏、乡土游戏存精去粗，加以提炼，从而创编出新的游戏，方便易行，不受任何条件限制，学生玩起来兴致浓厚，而且可以进行大范围推广，使更多学生受益。

（七）收集法

根据学生平时从事体育活动的情况创编出一至两个游戏。然后，从中修改加工，从而创编出一些锻炼价值高、学生感兴趣、学生参与度高、思想性强的游戏。比如，根据学生提供的在练习者胸和膝之间放个篮球或排球的短跑游戏，会使单调的接力赛游戏趣味性更强。

（八）模仿法

游戏来源于生活和大自然，少年儿童日常生活中的模仿能力很强，他们学猩猩爬、学企鹅走、学小兔青蛙跳，学得快且动作神似。根据这一点，创编"猩猩走路""青蛙跳跃接力"等模仿练习的游戏，能激发学生的兴趣。

（九）组合法

根据游戏创编的基本原则和教学的排列组合原理，将不同类型的体育游戏进行组合，或者将游戏形式与其他运动手段进行组合，便于系统地创编出更多的游戏。

三、体育游戏的教学方法

体育游戏的教学方法运用是否得当，直接影响教学效果的好坏。根据体育游戏的形式和特点，主要分为以下几种教学方法。

（一）体育游戏的教法

体育游戏的教法有：讲解法、示范法、完整法、分解法、预防与纠正错误法、口令信号法等。

讲解法：教师通过简练生动的语言，引出体育游戏的名称、目的和任务，使学生明确游戏的方法、规则和要求。

示范法：教师通过示范、图片、视频等直观的方式，让学生进一步了解和明确游戏进行操作的方法和全过程，建立游戏活动的正确表象。

完整法：从游戏的开始到结束，不分部分和段落，完整、连续地进行教学和练习。

分解法：从掌握完整游戏或动作出发，把完整的游戏按其特点分成几段或分成几个部分，逐段或逐部分进行教学，最后完整地掌握游戏。

预防与纠正错误法：是教师为了防止和纠正学生在游戏中出现的错误动作，或防止学生违反游戏规则所采用的方法。

口令信号法：是从游戏开始或在游戏过程中，教师为传达某种意图，让学生突然进入游戏的另一环节或阶段而采用的一种简易方法。

（二）体育游戏的学法

体育游戏的学法有：模仿练习法、分解练习法、完整练习法、比赛练习法等。

模仿练习法：是游戏中学生通过模仿教师示范、图片或视频展示的动作或游戏过程的练习方法。

分解练习法：是将游戏按照难易程度、完成先后顺序分解成若干部分，且有选择地进行练习的方法。

完整练习法：是从游戏的开始到结束，不分部分或段落，完整、连贯地进行练习的方法。

比赛练习法：是在游戏比赛的条件下组织学生进行练习的方法，对于这种方法，学生兴趣大，参与度高。

四、体育游戏教学的组织与管理

（一）体育游戏的准备

教师要根据少年儿童的特点、教材内容有针对性地创编体育游戏。课前对场地器材进行检查，做好场地器材准备，有利于体育游戏教学的组织。

（二）体育游戏的讲解

教师除了对游戏内容进行讲解外，还应该对游戏的组织队形、活动规则、安全注意事项等进行仔细说明，使每一名参与者都做好充分的思想准备。这是体育游戏教学组织与管理的前提条件。

（三）体育游戏的组织

第一，教师要组织学生做好热身活动，使身体处于进行体育游戏的兴奋状态。要观察活动过程中场地器材的安全性，要观察参与者的体能状况，要及时解决由于参与者之间身体接触碰撞产生的矛盾冲突，加强教育管理，确保体育游戏过程的安全。

第二，设立体育骨干，发挥学生的自我管理作用。教师要加强纪律和队形管理，及时提醒参与者遵守规则，保持队形。用言语激励参与者，调节参与者情绪，为他们加油助威，让他们更加自信，更加投入。一轮游戏后，在保持队形的基础上进行简单小结，确保接下来的游戏组织流畅，管理到位。

第三，裁判工作是游戏组织顺利、取得良好效果的重要保证。认真细致、客观公正的判决对于学生遵守游戏规则、课堂纪律起着至关重要的作用。

（四）体育游戏的结束

表扬成绩和表现好的队伍，批评态度散漫的队伍，激励落后的队伍，指出在执行规则、运动技战术、发挥团队精神方面的优缺点，为以后成功组织不同类型的体育游戏打下基础。

第四节　说　课

一、说课的概念

目前，说课作为教学研究、交流、比赛的一项重要内容，既能满足集体教研的需求，又对教师个人的理论素质、专业成长和发展大有裨益，因而越来越受到教师的重视。

说课是教育教学理念与实践实操的完美结合，它不仅体现了教师在教学过程中的显性思维——"教什么""如何教"，还对一些在课堂中不易体现出来的隐性思维——"为什么这样教""为什么这样做""理论依据是什么"进行了直观的表述。因此，说课是教师面对专家领导、教师同行及其他听众，对自身的教学内容、教学设计及理论进行系统阐述，旨在提高自身素质、教学质量、教研实效的一种教研形式。

体育说课是在结合体育学科特点的基础上，根据说课的基本原理及流程，对体育授课中的指导思想、教学目标、教材学情、教法学法、教学重难点、教学过程、运动场地和器材、运动负荷及教学评价，进行科学合理、系统全面的阐述，旨在使听课者明白说课者在课中教什么、怎么教、为什么这么教。

二、说课的目的及意义

（一）说课的目的

通过说课，增强教师个人理论素养，加快教师专业成长速度，促进教师之间交流沟通，提高教研活动的实效性。同时，加深教师对于所教授内容的理解程度，从而有利于达到实现课程目标、提高教学效率和教学质量的目的。

（二）说课的意义

通过说课的准备实施与反馈，有利于全面提升教师的理论素养、专业水准、教学水平、教研能力。体育是一门以身体练习和技能学习为主要形式的学科，因而技能学习的指导思想和理论依据在课堂中体现得不够具体明确。说课能够很好地将"健康第一""终身体育""阳光体育"等思想和理论依据进行系统详尽的阐明，其意义主要体现在以下几个方面。

第一，说课丰富了教研活动形式，有利于提高教研活动的实效性。

第二，说课可以促进教师的专业成长与发展，有利于提高教师自身专业素养。

第三，说课是一个说—听—评的有机整体，通过说课的参与，有利于提高和完善教师的备课质量。

第四，说课能够有效地提高教师的教和学生的学的效率。

第五，说课能够促进教研活动的全方位开展。它不仅能提升说课者的教育教学理论和专业水平，在理论基础、教育方针政策、课程标准、教学策略、专业素养等方面对参与管理和评价的人员也提出了很高的要求。

三、说课的内容

根据说课的定义可知，说课的内容主要围绕着"教什么""怎么教""怎么做""为什么这么教""为什么这么做"展开。具体来讲，可以分为按课堂流程来说课，说教学设计、说教学过程、说教学结果、说教学反思；按课堂教学要素来说课，说目标、说内容、说学生、说过程、说教法手段、说教学评价等；按说课的范围来说课，包括整体性说课和局部性说课。本书按照课堂流程及课堂教学要素分类，对说课内容进行综合阐述。

说课是一个严格遵守程序的教研活动，因此在进入说课场景后、说课前，需要向专家导师、同行教师进行自我介绍，并对所说课题的学段、年级、教材版本、章节等进行说明，而后通过对以下内容的详细阐述，展开自己的说课（见图7-5）。

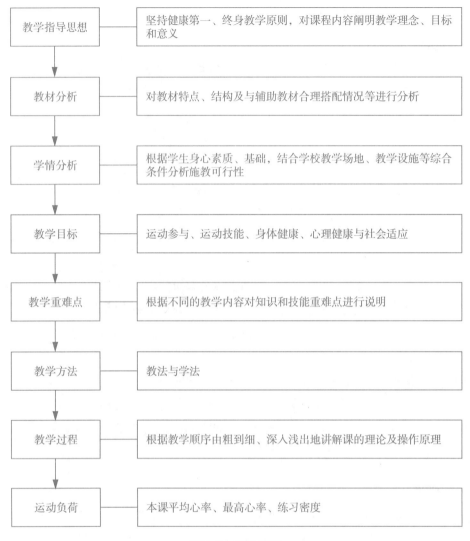

教学指导思想	坚持健康第一、终身教学原则，对课程内容阐明教学理念、目标和意义
教材分析	对教材特点、结构及与辅助教材合理搭配情况等进行分析
学情分析	根据学生身心素质、基础，结合学校教学场地、教学设施等综合条件分析施教可行性
教学目标	运动参与、运动技能、身体健康、心理健康与社会适应
教学重难点	根据不同的教学内容对知识和技能重难点进行说明
教学方法	教法与学法
教学过程	根据教学顺序由粗到细、深入浅出地讲解课的理论及操作原理
运动负荷	本课平均心率、最高心率、练习密度

图7-5 说课流程

（一）说指导思想

体育说课的内容应在《义务教育课程标准》（2011年版）、国家教育方针政策和立德树人、培养学生核心素养的思想指导下进行设计。

（二）说教材

说教材是说课的基本环节。在说教材时，应对教材的作用、地位、特点和意义进行全面阐述，从而充分展示自己对教材的把握和驾驭能力。说教材的内容主要包括两点。第一，明确教什么。在认真研读课程标准，分析教材编写思路、特点的基础上，按照课程标准对本年级学生学习方面的要求，简要阐述所选内容在本学段、年级、单元及本课题中的地位、作用和意义。第二，解释如何教。说出所选内容中各项知识与技能的关系，学习重、难点及其依据等。

（三）说学生情况

说学生情况，主要是对学生学情的分析，体现在两个方面：一是学校大环境的情况，例如场地设施、班级情况、学习风气等；二是学生基础及生理心理特点，例如学生的年龄、身心发展规律、已有知识技能、学习基础、接受能力等。说学生情况，旨在为教师设计教学过程的教法、学法提供依据。因此，说学情时切忌空泛，应作出具体的表述。

（四）说教学目标

说教学目标，主要是根据体育课程标准，结合学生特点、教材特点，从而提出教学目标，并说明确定目标的原因。

（五）说教学策略

和学新在《教学策略的概念、结构及其运用》一文中指出："教学策略是教师为实现教学目的，完成教学任务，在对教学活动取得清晰认识的基础上，根据学习内容、学习者的知识水平和理解与认识能力以及学习过程等因素而对教学活动及其因素进行计划、评价和调控而采取的一系列执行过程，包括教学活动的元认知过程、教学活动的调控过程和教学方法的执行过程。"体育教学策略则是体育教师为了达成体育教学目标、完成教学任务，根据教学实际情况而采取的教学程序、方法、手段、技巧等。因此，在说教学策略时，说课者要说清楚在体育教学过程中安排教学流程顺序的原因，采用教学方法、手段、技巧及组织形式等的考量和依据，体育教学媒体、教具应用的思考等。

（六）说教法与学法

结合具体的教学内容和学生实际情况，说出本次课选用的教学方法和学生的学习方法，包括如何调动学生的积极思维，如何激发学生的学习兴趣和主观能动性，如何培养学生的能力等。

（七）说教学流程

教学流程是教师教学思想、教学风格的重要部分，因此教学流程是说课的重点内容。教学流程主要考察教师针对课的主要环节的教学设计与组织能力，是否符合"学生为主体，教师为主导，练习为主线，发展为主旨，思维为主心"的教学宗旨。通过教学流程的述说，可以考察教学目标是否完成，教学方法是否得当，教学组织是否合理。

（八）说运动负荷

顾明远在《教育大辞典》中指出："运动负荷亦称'运动量''运动刺激'"。体育课的运动负荷包括生理负荷和心理负荷两个方面。决定生理负荷大小的主要因素是练习的数量的多少、强度的大小。

说运动负荷，往往是说课者对本堂课练习的数量和强度的描述，即练习的次数、组数、时间、距离、重量和练习在单位时间内用力的量、机体紧张程度，一般以练习的密度、动作的速度、投掷的距离、所负的重量、间歇的时间为说明对象，表明其设计的合理、有效性，同时也是评课者对说课者课堂组织设计在符合人体生理机能、运动规律、

科学性方面的重要鉴定内容。

（九）说教学评价

教学评价是以教学目标为依据，按照科学的标准，应用一切有效的手段，对教学过程及结果进行测量，并给予价值判断的过程。体育教学评价作为其组成部分，旨在以体育教学目标为依据，通过科学、系统的方法和标准，应用一切有效手段，对体育教学过程及结果进行测量、分析和评定。

四、体育说课训练

根据教育教学的要求和体育说课的实际，体育说课者应具备教师基本素质、说课课件制作能力和说课能力实践训练。其中教师基本素质包括：体育教学设计理论知识的掌握、语言表达能力、仪表仪态、板书书写及设计能力。制作的说课课件主要包括体育教学设计、体育教案、多媒体课件，三者的内容都是针对体育教学内容而制定的。

（一）基本素质

1. 体育教学设计理论知识的掌握

体育说课必须要有现代体育教学设计理论的支撑。在课程目标的要求下，体育教师不仅要具备和掌握现代新式教学理念、教学方法，还要对体育教学有新的审视和理解，因此就如何上好体育课、应该怎样上体育课、如何创新体育课，必须具备体育教学设计的理论知识。

2. 语言表达能力

体育说课主要是以语言表述为媒介展示出来的，所以语言表达能力尤为重要。可通过朗读诗歌、文章，或进行专项语言训练，提高语言表达能力。

3. 仪表仪态

体育说课一般以讲解说明为主，不需要大幅度的肢体动作和运动，可着正装，凸显教师的个人气质。说课中的仪表仪态以自然、有活力的状态为最佳，平时可多在讲台上进行仪表仪态练习。

4. 板书书写与设计能力

说课者除了用语言和多媒体传递信息外，也要根据实际情况的需要，有效地利用板书传递自己的说课内容。一般用于用语言表达不清楚，如体育说课中的组织队形及队形调动等情况时，板书效果会更直观。板书设计时，要对黑板的大小有充分了解，整体规划，力求板书设计美观。当然，有多媒体课件辅助体育说课时，可直接在课件中把板书设计展示出来。

（二）说课课件制作能力

说课者必须具备PPT制作能力，不但要比较熟练地掌握PPT的基本制作方法，如字体设置、文本框操作、图片处理等，还要多看一些比较好的PPT设计网站，参考一些好的PPT范例。只有不断地实践，才能逐步提高PPT的设计制作能力。

（三）说课能力实践训练

体育说课训练，说课理论知识学习是必需的，但更需要在实践中提高。说课能力实践训练的方法有：个人训练、小组练习、情景模拟、向长辈和同行请教、观察和学习他人的说课视频、多参加说课比赛等。

检验教师教学水平和能力的重要标准之一就是上课，说课源于上课。因此，说课能力的培养最终要体现在上课上。

（四）体育说课案例分析

体育说课内容很多，本书就体育说课中的教学过程这一重要部分，根据案例来进行分析。教学过程是一堂课中最重要的部分，教师所有的教学理念、教学设计、方法手段等，都是通过教学过程的精准实施得以实现的。因此，它既体现了教师的教育教学基本功，又体现了教师的教育智慧、教学创新能力。在PPT的制作过程中，制作者要把握住体育教学的特点，按照PPT制作的配图、配色、排版等方面的原则对设计内容进行编辑制作，既要达到说课的要求和目的，又要体现课件的简洁美观。

体育教学过程是由四个部分组成的，即开始部分—准备部分—基本部分—结束部分。因此，在进行说课时，首先应从整体上体现教学框架，让人有一个全面直观的认识（见图7-6）。

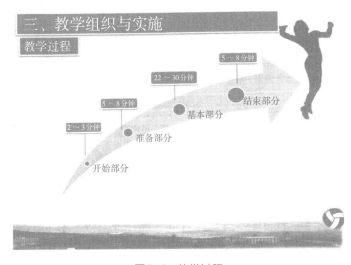

图7-6　教学过程

其次，教师从开始部分依次展开自己的说课。说课PPT的制作在简洁美观的原则下，体现教学常规的基本内容（见图7-7）。

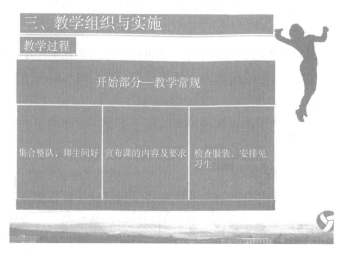

图7-7　开始部分

　　准备部分是体育教学导入的重要环节，通过该环节，使学生全身心做好上课的准备，如果学生对本节课兴趣盎然，课堂效果则更佳。在此，只需对准备部分的内容进行简单描述，或者简单命名（见图7-8）。

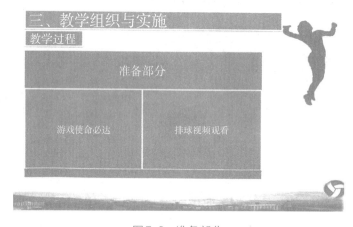

图7-8　准备部分

　　基本部分是教学过程中的重点内容，科学合理设计基本部分的内容，对于实现教学目标，突破教学重难点有着决定性的作用。在基本部分环节中，PPT的制作应当遵循运动规律、教学原则和本课设计理念的前提，运用文、图、表等不同形式，简单明了地向听众展示说课者的设计理念、教学目标、教学效果等。

　　本案例基本部分通过挂图观看、自主合作探究等学习方式，激发学生的自主思考和学习；教师经过讲解示范，使学生进一步明确本节课的内容。教师通过设计模仿练习、固定垫球、一抛一垫、两人对垫、垫球接力赛等一系列练习，突破化解了本节课的重难点（见图7-9）。

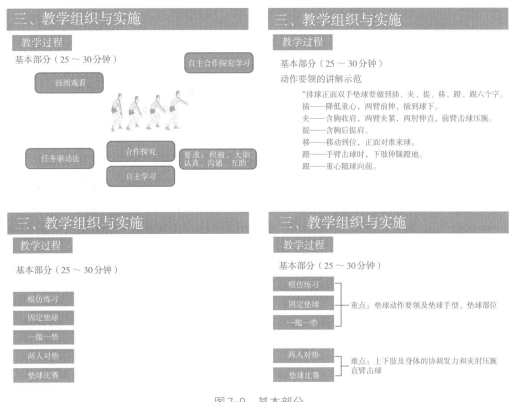

图 7-9 基本部分

结束部分是体育课堂教学的结尾，教师通过放松活动，促使学生在身心上恢复机体的正常水平；经过师生的小结评价回顾本堂课，对存在的问题予以强调和纠正；督促学生回收器材，宣布下课。在 PPT 的制作过程中，只需体现相应程序步骤即可（见图 7-10）。

图 7-10 结束部分

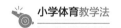

第五节　微课与微型课

一、微课

（一）微课的概念

微课是教师在课堂教学过程中围绕某个知识点或教学环节而开展的教与学活动全过程。微课的核心组成内容是课堂教学视频（课例片段），同时还包含与该教学主题相关的教学设计、素材课件、教学反思、练习测试及学生反馈、教师点评等辅助性教学资源，它们以一定的组织关系和呈现方式，共同"营造"了一个半结构化、主题式的资源单元应用"小环境"。因此，微课既有别于传统单一资源类型的教学课例、教学课件、教学设计、教学反思等教学资源，又在其基础上继承和发展，是一种新型教学资源。

（二）微课的主要特点

1. 教学时间较短

教学视频是微课的核心组成内容。根据中小学生的认知特点和学习规律，微课的时长一般为5～8分钟，最长不宜超过10分钟。因此，相对于传统的40或45分钟一节的教学课例来说，微课可以称为"课例片段"或"微课例"。

2. 教学内容较少

相对于较宽泛的传统课堂，微课的问题聚集，主题突出，更适合教师的需要：微课主要是为了突出课堂教学中某个学科知识点（如教学重点、难点、疑点内容）的教学，或是反映课堂中某个教学环节、教学主题的教与学活动，相对于一节传统课要完成的复杂众多的教学内容，微课的内容更加精简，因此又可以称为"微课堂"。

3. 资源容量较小

从大小上来说，微课视频及配套辅助资源的总容量一般在几十兆左右，视频格式须是支持网络在线播放的流媒体格式（如rm，wmv，flv等），师生可流畅地在线观摩课例，查看教案、课件等辅助资源；也可灵活方便地将其下载并保存到终端设备（如笔记本电脑、手机等）上实现移动学习、"泛在学习"，适合用于教师的观摩、评课、反思和研究。

4. 资源组成/结构/构成"情景化"

资源使用方便。微课选取的教学内容一般要求主题突出、指向明确、相对完整。它以教学视频片段为主线"统整"教学设计（包括教案或学案）、课堂教学时使用到的多媒体素材和课件、教师课后的教学反思、学生的反馈意见及学科专家的文字点评等相关教学资源，构成一个主题鲜明、类型多样、结构紧凑的"主题单元资源包"，营造一个真实的"微教学资源环境"。这使得微课资源具有视频教学案例的特征。广大教师和学生在这种真实的、具体的、典型案例化的教与学情景中，可实现"隐性知识""默会知识"等高阶思维能力的学习并实现教学观念、技能、风格的模仿、迁移和提升，从而迅速提升教师的课堂教学水平、促进教师的专业成长，提高学生学业水平。就学校教育而言，微课不仅成为教师和学生的重要教育资源，而且也构成了学校教育教学模式改革的基础。

5. 主题突出、内容具体

一个课程就一个主题，或者说一个课程就一件事。研究的问题来源于教育教学具体实践中的具体问题：或是生活思考，或是教学反思，或是难点突破，或是重点强调，或是学习策略、教学方法、教育教学观点等具体的、真实的、自己或与同伴可以解决的问题。

6. 草根研究、趣味创作

正因为课程内容的微小，所以，人人都可以成为课程的研发者。正因为课程的使用对象是教师和学生，课程研发的目的是将教学内容、教学目标、教学手段紧密地联系起来，是"为了教学、在教学中、通过教学"，而不是去验证理论、推演理论，所以，研发内容一定是教师自己熟悉的、感兴趣的、有能力解决的问题。

7. 成果简化、多样传播

因为微课内容具体、主题突出，所以，研究内容容易表达、研究成果容易转化。因为微课课程容量微小、用时简短，所以传播形式多样（网上视频、手机传播、微博讨论）。

8. 反馈及时、针对性强

由于在较短的时间内集中开展"无生上课"活动，参加者能及时听到他人对自己教学行为的评价，获得反馈信息。较之常态的听课、评课活动，微课"现炒现卖"，具有即时性。由于是课前的组内"预演"，人人参与，互相学习，互相帮助，共同提高，在一定程度上减轻了教师的心理压力，不会担心教学的"失败"，不会顾虑评价的"得罪人"，较之常态的评课就会更加客观。

（三）微课的十大特征

一节微课只讲授一两个知识点，没有复杂的课程体系，也没有众多的教学目标与教学对象，看似没有系统性和全面性，许多人称之为"碎片化"。但微课是针对特定的目标人群传递特定的知识内容的，一节微课自身仍然需要系统性，一组微课所表达的知识仍然需要全面性。微课的特征有以下几点：

第一，主持人讲授性。主持人可以出镜，也可以采用画外音。

第二，流媒体播放性。可以用视频、动画等基于网络流媒体播放的形式。

第三，教学时间较短。5～10分钟为宜，最短的1～2分钟，最长不宜超过20分钟。

第四，教学内容较少。突出某个学科知识点或技能点。

第五，资源容量较小。适于基于移动设备的移动学习。

第六，精致教学设计。完全的、精心的信息化教学设计。

第七，经典示范案例。真实的、具体的、典型案例化的教与学情景。

第八，以自主学习为主。供学习者自主学习的课程，是一对一的学习。

第九，制作简便实用。多种途径和设备制作，以实用为宗旨。

第十，配套相关材料。微课需要配套相关的练习、资源及评价方法。

（四）微课的分类

1. 按照课堂教学方法来分类

根据李秉德教授对我国中小学教学活动中常用的教学方法的分类总结，同时也为便于一线教师对微课分类的理解和实践开发，编者初步将微课划分为11类，分别为讲授类、问答类、启发类、讨论类、演示类、练习类、表演类、自主学习类、合作学习类、探究学习类（见表7-1）。

表7-1　微课的分类及适用范围

分类依据	常用教学方法	微课类型	适用范围
以语言传递信息为主的方法	讲授法	讲授类	适用于教师运用口头语言向学生传授知识（如描绘情境、叙述事实、解释概念、论证原理和阐明规律）。这是中小学最常见、最主要的一种微课类型
	谈话法（问答法）	问答类	适用于教师按一定的教学要求向学生提出问题，要求学生回答，并通过问答的形式来引导学生获取或巩固检查知识
	启发法	启发类	适用于教师在教学过程中根据教学任务和学习的客观规律，以启发学生的思维为核心，从学生的实际出发，采用多种方式，调动学生的学习主动性和积极性，促使他们生动活泼地学习
	讨论法	讨论类	适用于在教师指导下，由全班或小组围绕某一个中心问题，通过发表各自意见和看法，共同研讨，相互启发，集思广益地进行学习
以直接感知为主的方法	演示法	演示类	适用于教师在课堂教学时，把实物或直观教具展示给学生看，或者作示范性的实验，或通过现代教学手段，通过实际观察获得感性知识，以说明和印证所传授知识
以实际训练为主的方法	练习法	练习类	适用于学生在教师的指导下，依靠自觉的控制和校正，反复地完成一定动作或活动方式，借以形成技能、技巧或行为习惯
以欣赏活动为主的方法	表演法	表演类	适用于在教师的引导下，组织学生对教学内容进行戏剧化的模仿表演和再现，以达到学习交流和娱乐的目的，促进审美感受和提高学习兴趣。一般分为教师的示范表演和学生的自我表演两种
以引导探究为主的方法	自主学习法	自主学习类	适用于以学生为学习的主体，通过学生独立的分析、探索、实践、质疑、创造等方法来实现学习目标
	合作学习法	合作学习类	合作学习是一种通过小组或团队的形式，组织学生进行学习的一种策略

续表

分类依据	常用教学方法	微课类型	适用范围
以引导探究为主的方法	探究学习法	探究学习类	适用于学生在主动参与的前提下，根据自己的猜想或假设，运用科学的方法对问题进行研究，在研究过程中获得创新实践能力，获得思维发展，自主构建知识体系的一种学习方式

值得注意的是，一节微课一般只对应某一种微课类型，但也可以同时属于两种或两种以上的微课类型的组合（如提问讲授类、合作探究类等），其分类不是唯一的，应该保留一定的开放性。同时，由于现代教育教学理论的不断发展，教学方法和手段的不断创新，微课类型也不是一成不变的，需要教师在教学实践中不断发展和完善。

2.按课堂教学主要环节（进程）来分类

微课类型可分为课前复习类、新课导入类、知识理解类、练习巩固类、小结拓展类。其他与教育教学相关的微课类型有：说课类、班会课类、实践课类、活动课类等。

二、微型课

（一）微型课的概念

微型课是指比正常课时长短、教学容量小的完整的课。微型课不能简称微课，因为微课一般专指课例片段，其核心组成内容是课堂教学视频。微型课上课时长一般为10～15分钟，教学内容集中，教学形式简单，一般没有学生，面对评委授课。在教学性质上，具有甄别评估功能。微型课属于"经济实用"型课，它对教学场地等的要求不多，能够在有限的简短时间内，对众多人员的教学能力分别作出甄别与评估，为教师招聘、资格认定、能力评估等工作提供较为快捷、实用的可靠依据。

（二）微型课的目的及意义

1.微型课的目的

微型课的本质是一节课，具有课的基本属性，与常态课不同的是时长短，学生参与在于授课者的假设。从导入到新授，从提问到点拨，从归纳到拓展，都要按部就班落实。期间包括情景创设、问题提出、课堂活动安排、学生合作解决问题等过程，都要进行再现。因为没有学生真正参与，学生答疑或活动时间节约下来，所以10～15分钟也就够了。

2.微型课的意义

微型课不仅能考察一个人的技能水平和理论水平，还可以检验其综合素质。

微型课是学校体育的重要教育资源，对于学生的学习、教师的教学实践以及教师专业发展都具有重要的现实意义。

微型课能锻炼学生的教学能力。它可以完整地展现教师的教学能力和综合素质。一名体育教师的基本素质包括：系统流畅的教学设计、言简意赅的讲解示范能力、精练的语言表达能力、科学合理的教学组织及评价。这是衡量一名教师是否专业的最基本的标准，更是一节微型课成败的关键因素。体育微型课考察的是体育教师的教学设计能力、示范讲解能力、处理教学重难点能力、组织管理能力、教学评价能力以及语言表达能力等。

微型课的效率高，可以充分发挥施教者的创造性。

在学生的教育实习前，将微型课引入教学中，不仅可以对教师的教学能力进行磨炼，更是一种对教师心理素质进行锻炼的好方法。

微型课对场地器材、环境的要求低，可以快速评判一个人的教学能力，以进行综合测评和选拔，为教师的招聘、资格认定、能力评估等工作提供较为快捷的实用依据。

（三）微型课的评判

微型课是课堂教学过程的再现，学生参与过程是否真实，课堂是否能达到预期的教学效果，由评委来判断。评委主要从四个大方面考量评判：一是教学基本功，二是学科专业知识，三是教学内容把握，四是表现形式。教师的讲授水平、预设能力就备受评委关注。教学语言应做到科学准确、逻辑性强、简单明了，同时生动形象、富有感染力。

（四）微型课常见问题

第一，概念不清，把微型课当作说课或片段教学。

第二，不会取舍教学内容，抓不住重点，面面俱到，在短短的时间内，好像方方面面都讲到了，但又都没有讲清楚。

第三，虚拟师生双向互动，课堂虚假不真实。如学生的讨论、回答问题等，给人一种虚假的感觉，浪费了非常有效的时间。

第四，教学方式一叙到底，使课堂变为教师的独角戏。

（五）怎样上好微型课

第一，微型课是上课，不是说课或片段教学，应像正常教学一样进行。

第二，精心取舍课题内容，突出教学重点，提高教学效率。

第三，选用恰当、合理的教学方式。教学方法以讲授为主，穿插双边互动。

第四，构建完整课堂结构。入题简洁，精要讲授，巧妙启发，小结言简意赅。

（六）怎样突出亮点

亮点可以是深入浅出地讲授，可以是细致入微地剖析，可以是激情四溢地朗诵，可以是精妙完美的课堂结构，可以是准确生动的教学语言等。展示自己的独特亮点，就能提升微型课的水准。另外，板书要精练、完整、美观，不宜太多，也不宜太少，达到完整、直观的效果。

（七）解决几对矛盾

1."有"与"无"的矛盾

要做到"场上无学生，心中有学情"的境界，合理估计学生的活动程度和结果，做到估计恰当、点拨评价到位。

2."多"与"少"的矛盾

内容过多，未免庞杂；内容过少，未免空洞。板书太多，费时累赘；板书太少，表意不清。

3."快"与"慢"的矛盾

方式方法与课题内容紧密关联，重难点要慢，导语、结束语要简。

课后作业

1.创编一个体育游戏。

2.写一个体育说课的教案。

3.自选教学内容，上交一节10分钟的微型课视频。

第八章 体育教学评价

第一节 体育学习评价

一、体育学习评价概述

体育学习评价包括两个方面的内容，一是体育教学评价，二是体育学习评价。两者以体育教学的目标与体育教学的理念为主要标准，针对其过程与结果进行量化评价与价值评估。体育学习评价贯穿体育训练与学习过程的始末，包括学习目标的定位、内容的建构、实践环节的表现、技能的获得与学习能力的评估。体育学习评价的作用是使教学目标的定位更加精准，让学生学习的内容更加科学、合理，符合认知规律，促使自主教学实践能更加顺利地开展，激发学生兴趣，让学生获得体育技巧，奠定终身学习的基础。

（一）体育学习评价的作用

1. 激励作用

在体育训练当中，学生难免会遇到困难与障碍，这阻碍了学生体育技能与兴趣的进一步发展。积极的学习评价有助于学生获得情感上的满足与精神上的鼓舞，学生可因此具备克服困难的信心与勇气。

2. 规范、调整作用

良好的学习评价有助于学生形成更加规范的体育动作，提升学生的自信心；有助于学生认识自我的不足，调整学习策略，从而达成教学目的。

3. 启发作用

通过学习评价，学生可发现自己的不足与他人的优点，从而取长补短，突破体育课学习的局限性。

（二）体育学习评价实施的原则

1. 积极性原则

学习评价需要具有正面性与积极性的作用，以赞扬为主，需要教师以肯定的态度，及时表扬学生的每一次进步。

2. 公平与合理原则

学习评价要体现体育学科特点，以新课程标准为指导。教师要公平对待每一个学生，以客观、公正的态度面对实际，尊重事实。

（三）体育学习评价的方法

1. 多元评价

（1）教师评价：教师以语言或量化的形式评价学生的学习过程、学习结果、学习能力，这是目前体育学习评价的主要方式。教师可以通过评价，给予学生良好的学习指示，让学生的体育训练有更多可借鉴的标准。

（2）学生自评：学生通过自评的方式，从理性的角度审视自己的体育技能、学习能力、体育训练成效；通过自评发现自己在体育训练动作、学习方式、互动方式方面存在的问题，提升体育技能。

（3）小组互评：体育锻炼是一项集体性、团体性的活动。学生进行体育训练就需要做到与人交流，而小组互评有助于学生从不同的角度看到自己的学习成效与不足，从而提升体育训练的针对性。

由此可见，积极有效的学习评价可以促使学生更加热情地参与到体育训练中，让学生从理性的角度审视自己的不足，促使学生博采众长、兼收并蓄。

2. 差异评价

观察学生体育训练的表现，对学生进行差异评价。对于表现积极的学生，要及时肯定与表扬；对于性格内向的学生，要对症下药，给予鼓舞性评价。不同年龄的学生在认知能力、理解能力和耐力上存在很大的差异，因此，教师应该根据不同年龄阶段学生的特点进行差异评价。教师要预备不同的方案，针对低年级学生设置以低要求、多鼓励为主的评价方案，旨在为低年级学生树立体育训练的信心；针对高年级学生设置难度系数较高以培养学生体育运动应变能力为主的评价方案。

3. 发展性评价

第一，在传统量化评价的基础上，向发展性评价转化；第二，变革传统的只关心学生体育训练结果的评价方式，强调重视学生的学习状态、学习过程与学习能力；第三，从体育评价中不仅要看出学生的体育训练成效，还需要看出学生的情感态度，评价学生的体育训练是否有进步，从而提升学生体育锻炼的积极性；第四，让学生从体育评价中，看到自己学习上的不足，总结经验，正确认识自我，不断获得进步。

4. 定性评价与定量评价相结合

定性评价是对学生体育训练中的技能、态度、情感、学习能力、合作能力、健康表现等进行分析与评述。定量评价是用数据作为衡量指标，不仅包括体育学习测试指标，还包括技能指标、态度指标、情感指标、学习能力指标、合作能力指标、健康指标等。

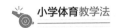

（四）体育学习评价的注意事项

1. 重视评价的辩证性

由于遗传、发育、家庭教养、社会阅历不同，学生的体能存在一定的差异。有的学生具有很强的上进心，比较努力与刻苦，然而总是无法取得优异的成绩。有的学生却凭借身高、体能等先天优越条件，不用付出太多的努力就可以轻松达到学习目标。这就是学生之间的差异，这也是不可避免的问题。传统的学习评价采用百分制量化的形式作为衡量学生的标准，这对于一些学生而言并不公平，阻碍了学生的个性化发展，也不利于学生的身心健康。因此，体育学习评价应强调学生的差异性，用全面性、辩证性作为学生学习评价的标准，充分赞赏学生的优势与每一次进步，对学习有困难的学生采用激励性的评价，让学习有困难的学生体验到被肯定的自豪与喜悦。不同层次、不同天赋的学生都能够从学习评价中看到自己的进步与优势，体育训练表现优秀的学生有"百尺竿头更进一步"的动力，体育学习有困难的学生会从评价反馈中产生"我也不差"的想法，从而重拾信心，扬帆起航。通过正确、合理的评价，每一位学生都能够在原来的水平上有所进步、有所发展，有更好的表现。

2. 重视评价的全面性

评价要强调全面性。教师不仅要评价学生对体育与健康基本知识的掌握情况，也需要全面地评价学生在体育训练过程中的体能、具体表现、学习能力、学习行为、情感因素、心理素质等。学习评价要能促进学生人格的健全发展，让学生形成良好的品质。

3. 重视评价的发展性

传统的学习评价是在阶段学习后，或者是在期末时期展开，用百分制量化的形式进行的。这种方式只看到了学生的成绩，忽视了学生的个性化发展；只看到了甄别的结果，忽视了反馈的过程，对学生的进步与发展没有多大意义。教师应该用辩证唯物主义发展观看待学生能力与潜能的发展。每一个学生都有不断超越自我的能力和潜能。教师不能以一成不变、静止的观点看待学生，不能因为一次成绩就对学生的发展作出评价与定论，应该使用多元评价代替终结性、量化、绝对化评价。重视评价的发展性，使得评价具有交流意义，促使学生用理性的眼光重新审视自己，让学生正确定位自己。

4. 建立体育档案

教师可以为学生建立一套体育评价档案，融合相对评价与绝对评价，促使学生体能、技能、学习态度等全面发展；通过对照的方式，让学生看到自己的优势与进步。

二、体育学习评价的内容

（一）体能评价

借鉴《义务教育课程标准》（2011年版）、《中（小）学生体育合格标准》、《国家学生体质健康标准》等，对学生的体能进行综合性评价。在实际体育训练中，根据学生的体能情况制定科学、合理的评价标准。在整个过程中，教师需要使用激励性语言，凸显以人为本的理念，重视学生对体育运动的兴趣与自主学习能力的养成，培养体育专长，奠定终身保持良好体育锻炼的基础；强调激励性评价，激励学生参与到体育训练当中，培养学生的学习兴趣。相比批评式的评价，激励性的言语可以给予学生正面的影响，并营造轻松、愉悦的氛围，让师生更加和谐地展开体育训练。由此可见，激励性评价是体育学习评价中必不可少的内容。学生的体能存在一定的差异，例如，800米跑是小学生健康水平测试考核的内容，对于个子矮小、身体素质较差的学生来说，800米跑非常困难。教师应对他们进行激励性评价，让他们有更大的信心。

（二）知识评价

知识评价主要包括三个方面的内容：一是能否掌握体育与健康基本理论知识；二是能否灵活运用体育与健康基本理论知识；三是能否掌握体育与健康的某项技能。知识评价的实施可以选定体育与健康的某一运动项目，也可以使用体育与健康知识测试的方式，还可以对某项体育动作进行规定，或者根据学生平时训练的情况加以综合评定。

（三）技能、态度、情感、学习能力、合作能力评价

教师不仅要评价学生的体育学习成果，还需要评价学生的道德品质、体育精神、学习能力，主张通过体育学习提升认知水平，端正品行，从而提升学生的综合素养。例如，学生非常喜欢篮球运动，那么在篮球运动的学习中，学习评价的内容不仅包括投篮动作，如传球、运球、控球动作的速度与规范性情况，还包括学生的耐力、集体合作协调能力等。同时，从时代性与适应性出发，评价课程内容还要以促进学生德、智、体、美、劳全面发展为出发点，教师评价与学生评价相结合，从体育训练标准、体育评分标准出发，以量化的形式评估学生的体育训练成效，赋予学生评价的权利，让学生自我评价与互相评价。一方面，作为体育训练内容的实践者，只有学生才能够清楚地说出在体育训练过程中的情绪、意志、兴趣状态，呈现真实的评价素材；另一方面，学生通过评价掌握自我体育训练状态，并随时调整自我、驾驭自我，提升自主学习的能力。最后，建立多维评价体系。体育评价的内容需要涉及知识、技能、状态、兴趣，传统的评价内容只涉及知识、技能，并且重知识、轻技能，通过百分制或是等级的方式反映学生对体育知识、动作的掌握程度。多维评价体系在传统评价的基础上，从体育精神、状态、道德、情感方面展开评价，重视情感沟通与评价。将情感评价与知识、技能视为同等重要的评价内容，将教学的焦点从知识、能力拓展到参与状态、情感。情感评价以鼓励性为主，调动学生参与的积极性，提升教学质量与效率。

1. 学习态度评价

（1）学生是否积极参与到体育训练中。

（2）在参与体育训练时，学生是否可以灵活地学以致用。

（3）在参与体育训练时，学生是否可以调动思维能力，通过思考与探讨达到体育学

习目的。

（4）在参与体育健康教育时，学生的态度是否主动。

2. 情感评价

（1）学生是否可以克服胆怯、自卑的心理。

（2）学生是否可以做到越挫越勇、攻坚克难，保持良好的体育运动习惯。

（3）学生是否可以战胜不良情绪，保持积极、健康的精神面貌。

3. 合作能力评价

（1）学生是否可以尊重同伴的想法，团结友善，保持良好的人际交往能力。

（2）学生是否可以在团体竞赛时组织团队活动并全力以赴。

（3）学生是否可以遵循体育游戏规则，听从裁判员的指挥。

（4）学生是否可以自觉为学校的体育与健康活动做宣传。

4. 健康评价

（1）将"健康教育"放在教学首位，强调让学生意识到体育运动对身体健康的作用，让学生在生活中坚持进行体育运动。

（2）学生是否可以保持良好的健康生活习惯。

（3）学生是否可以做到早睡早起，作息规律。

（4）学生是否穿戴整洁，具有良好的个人素养。

【范例】

单跳双落

一、学情分析

小学低年级阶段，学生大多贪玩、好动、反应灵敏，具有强大的体育训练潜能。他们非常喜欢体育课，也有比较强的动作模仿能力，具有与人合作的能力，能够完成体育学习任务。因此，本节课教学选择以游戏的方式展开。然而，他们不善于自我约束，容易遇到困难就半途而废，也不能在课后保持良好的体育训练习惯。基于此，教师采用团队竞争的方式，激励学生参与，让学生坚持完成任务，从而磨炼学生的意志，增强学生的体魄。

二、学习目标

通过学习健康与运动知识，掌握单跳双落基础理论知识；通过一系列的体育运动训练，掌握基本的单跳双落动作；通过反复训练的方式，由浅入深，学会动作的简单组合；通过组织体育创意活动，启发心灵，开发智力，提升身体的灵敏度；通过小组合作学习与竞赛磨炼耐力，培养团结友善的良好品质，攻坚克难，具备良好的社会性行为；通过障碍跳进行体育单跳双落训练，展开想象与联想，模仿动物的跳跃方法，体验学习的快乐。

三、教法、学法分析

1.教法

通过创设教学情境，搭建体育与生活的联系，激发学生的参与热情；通过游戏教学，营造和谐、活泼的学习氛围，促使学生积极参与；示范体育动作，让学生模仿，提升学习的积极性，锻炼学生腿部肌肉力量；利用小组合作学习的形式，组织学生进行体育竞赛，让学生体验体育学习的快乐；使用器材展开体育训练，丰富体育活动；通过健康与体育知识的讲解，让学生掌握基本的体育知识；利用问题探讨的方式，让学生做出正确的体育动作。

2.学法

在观察的基础上开展分组训练，模仿体育训练动作，规范自我体育动作；掌握单跳双落的动作要领，提高身体平衡感、协调性与灵敏度。从简单的模仿与反复训练开始，逐渐过渡到一系列的动作组合，通过跨越障碍物的方式，发展潜能，磨炼意志。

四、指导思想

以新课程教育理念为指导，凸显人本理念，将健康教育放在首要地位，在实践中提升学生的体育基础和技能，挖掘学生的创造潜能；营造和谐、愉悦的学习氛围；通过小组合作学习的方式，培养学生自主学习的能力，培养学生团结友善与攻坚克难的精神，为学生保持良好的体育运动习惯奠基；遵循学生的认知规律与心理特征，根据学生的生理因素，制定切实可行的体育训练项目，激发学生参与的兴趣。

五、活动过程

师：同学们，你们觉得自己是一个勇敢的人吗？

生：（大声地回答）是！

师：你们有足够的勇气面对即将到来的挑战吗？

生：（好奇的眼神）有！

师：我刚刚听到一个消息，公园里的小动物们要组织一项挑战英雄的活动，你们有勇气参加吗？你们有信心成为挑战英雄吗？（集合站队时将学生分成"蝴蝶""小猴""小羊""猫"四个组，并给小组长配发头饰）

生：我能！我能！（学生高高地举起手，争先恐后地回答）

师：那我们赶快利用这堂课进行简单的操练怎么样？（学生欢呼）

在音乐的伴奏下，教师带领学生慢跑到教师设计的练习场地，并在慢跑的过程中提示跑步姿势。随后师生同做热身操。

师：谁有本事来第一个挑战呀？！

生：我！我！（几名学生按捺不住，摩拳擦掌，跃跃欲试）

教师将学生引领到课前准备好的跳跃场地，让几名学生做跳过"小河"（要求是单脚起跳，双脚落地）的尝试，结果他们不是掉进了"小河"里，就是没有按教师的要求做，挑战失败，几名学生的脸上露出了无奈的表情……于是教师抓住时机，让学生观察自己是怎样跳过"小河"的，并进行讲解。

师：现在就请小动物们跟着"羊妈妈"来学本领，争取下次挑战成功。（教师调整好队伍，安排好活动内容）

师：同学们，注意在玩的时候着重体会一下单脚起跳、双脚轻巧落地的动作要领。

教师时而巡视辅导，时而和学生一起玩。学生谈体会。

生1：我觉得这堂课我的表现很不错，与小组同学合作得很愉快！

生2：我发现要像跳绳那样，手脚配合一致，才能跳得远。

生3：我觉得落地要轻就必须弯腿。

学生再次进行挑战，教师检查学习效果并对成功的学生及时予以评价。

师：同学们，今天你们都完成得很好，挑战都很成功，可老师这里还有一个任务，请……（话音未落，学生们个个欢快地跳了起来，于是教师讲解游戏"星球大战"的方法和要求，并让学生进行练习）

师：刚才同学们练习都很认真。下面开始比赛，请你们开动脑筋，争取获胜。

生：我们能赢！我们不能输给他们！……

同学们互相鼓励商量对策。学生的积极性和好胜心又一次被点燃了，游戏在激烈的气氛中开始了……哪组都不甘示弱。几次比赛以后，教师表扬了优胜组，并鼓励其他组要团结协作，争取以后取得好成绩。

六、放松身心，小结评比

1.放松舞蹈——《幸福拍手歌》

师：我们学得了本领，个个勇敢，挑战成功，让我们一起跳舞吧！（音乐响起，师生翩翩起舞）

2.小结，下课

师：通过这次课的学习，你们有哪些收获？

生：要跳过"小河"，就得按老师讲的方法去练，如果姿势正确，手脚配合得好，那么跳起来就轻松，还不累，我们下节课还要这样玩。（学生议论纷纷）

评析：跟随音乐放松，学生在轻松愉快的氛围中得到身心放松。小结中教师对学生的合作与探究意识给予了表扬，对学生诚实守信的优良品质给予了肯定。最后，教师让他们相互诉说自己成功的感受，为其提供了学习交流的机会。

七、《单跳双落》学习评价

1.学习目标评价

大部分学生都能够积极参与体育训练活动；能够掌握单跳双落基本理论知识，掌握单跳双落动作要领；能够发挥想象力与思维能力，创造性地进行单跳双落活动，并创编充满趣味性的单跳双落动作；具有良好的适应能力，具有小组合作意识，能与人展开良好的沟通与交流；在活动过程中充满快乐感，并能够随着悠扬的旋律放松心情。总体而言，大部分学生都能够较好地达成学习目标，只有少部分学生未能达成学习目标。

2.学习效果评价

体育课结束之后，通过问卷调查的方式，对学生的学习表现与结果进行评价。

（1）体能评价。根据《义务教育课程标准》（2011年版）、《国家体育锻炼标准》、《中（小）学生体育合格标准》、《国家学生体质健康标准》等文件，对学生的体能进行综合性评价：62%的学生达到标准，38%的学生未达到标准。

（2）知识评价（见表8-1至表8-3）。

表8-1 "能否掌握体育与健康基础知识"情况统计

能否掌握体育与健康基础知识	
具体情况	比例
完全掌握	54%
可以掌握	28%
基本掌握	10%
没有掌握	8%

表8-2 "能否学以致用"情况统计

能否学以致用	
具体情况	比例
完全可以	52%
可以	16%
基本可以	22%
无法做到	10%

表8-3 "能否掌握体育与健康的某项技能"情况统计

能否掌握体育与健康的某项技能	
具体情况	比例
完全掌握	56%
可以掌握	6%
基本掌握	28%
没有掌握	10%

（3）学习态度评价（见表8-4至表8-7）。

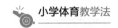

表8-4 "是否积极参与体育活动"情况统计

是否积极参与体育活动	
具体情况	比例
非常积极	56%
很积极	24%
积极	16%
不积极	4%

表8-5 "在参与体育训练时，学生是否可以做到灵活地学以致用"情况统计

在参与体育训练时，学生是否可以做到灵活地学以致用	
具体情况	比例
完全可以	52%
可以	28%
基本可以	14%
不可以	6%

表8-6 "在参与体育训练时，学生是否可以调动思维能力，
通过思考与探讨达到体育学习目的"情况统计

在参与体育训练时，学生是否可以调动思维能力，通过思考与探讨达到体育学习目的	
具体情况	比例
完全可以	53%
可以	27%
基本可以	3%
不可以	17%

表8-7 "在参与体育健康教育时，学生的态度是否主动"情况统计

在参与体育健康教育时，学生的态度是否主动	
具体情况	比例
非常主动	53%
主动	17%
基本主动	25%
不主动	5%

（4）情感评价（见表8-8至表8-10）。

表8-8 "学生是否可以克服胆怯、自卑心理"情况统计

学生是否可以克服胆怯、自卑心理	
具体情况	比例
完全可以	52%
可以	13%
基本可以	25%
不可以	10%

表8-9 "学生是否可以在课后保持良好的体育运动习惯"情况统计

学生是否可以在课后保持良好的体育运动习惯	
具体情况	比例
完全可以	28%
可以	26%
基本可以	22%
不可以	24%

表8-10 "学生是否可以战胜不良情绪,保持积极、健康的精神面貌"情况统计

学生是否可以战胜不良情绪,保持积极、健康的精神面貌	
具体情况	比例
完全可以	36%
可以	26%
基本可以	26%
不可以	12%

（5）合作能力评价（见表8-11、8-12）。

表8-11 "学生是否可以尊重同伴的想法,团结友善,保持良好人际交往能力"情况统计

学生是否可以尊重同伴的想法,团结友善,保持良好人际交往能力	
具体情况	比例
完全可以	59%
可以	13%
基本可以	21%
不可以	7%

表8-12 "学生是否可以遵守体育游戏规则,听从裁判的指挥"情况统计

学生是否可以遵守体育游戏规则,听从裁判的指挥	
具体情况	比例
完全可以	48%
可以	25%
基本可以	15%
不可以	12%

第二节 体育课堂教学评价

一、体育课堂教学评价概述

体育课堂教学评价,是指对体育课堂教学的成败得失及其原因,依据实际情况,作

出中肯的分析与评价，并且能够从教育理论的高度对一些现象作出正确的解释。体育课堂教学评价是促进体育教师提高专业素养和课程教学质量的重要手段，其出发点和归宿也是促进每一个学生的发展。因此，体育教学评价不仅要关注教师的"教"，更要关注学生的"学"。

体育课堂教学评价基本要素包括：教学目标、教学内容与方法、教学过程、教学效果、教学特色等。

教学目标是否明确、具体、可行，首先要看教师能否根据学生现有的知识、技能，提出合乎学生客观实际的目标。《体育与健康课程标准》（2023年版）中，不同水平目标的设置，就是建立在学生的认知发展水平和已有知识经验的基础上的，所以说，目标的设计是上好一节课的关键。

作为实现知识与技能，过程与方法，情感、态度与价值观三维目标的载体，体育教学内容的选择也是至关重要的。选择的内容不仅要有利于学生身心健康，还要考虑到学生的个体差异，让学生在学习中能够平等受益。同时，新课标下的体育教学也强调课程资源的开发，"以学生发展为本"，体育教师可通过自身的创造性劳动，使所选的教学内容充分体现学生兴趣，贴近学生生活，并尽量考虑那些简单易行的教学内容，以便学生能在设施简陋的情况下参与学习，更好地达成教学目标。

对教学过程的评价，要关注教师的"教"，看教学实施过程是否面向全体学生，关注学生的个体差异，努力做到因材施教，创设让学生积极参与、自主探索的学习环境；关注学生的情感体验，使每一个学生都体验到学习和活动的成就感，都取得进步和发展；为学生提供展示自己能力水平和个性的机会，形成民主、平等、和谐的学习环境；关注教学方式的运用是否能激发他们的兴趣和爱好，尊重他们的情感和体验，给他们留有充分的时间参与体育活动，引导和鼓励他们自主地进行体育锻炼。评价是否强调师生间、生生间的相互交流与合作，而不仅仅是教师对学生的单向传授，要能发挥学生的想象力和创造力，促使他们在探究中提高运动技能水平；在促使学生积极参与体育活动的基础上，是否充分指导学生动体与动脑相结合，科学地进行体育锻炼，使之真正受益终身；在学习评价实施中是否注重多元评价，是否有针对性，讲求实效，利于学生的发展；评价学生课堂参与活动，自主探究过程深度，学生交流、合作的技能，掌握动作的情况；评价学生在学习活动中的兴趣、情感、自信心、意志力等，注重学生自我评价的引导。

建立"以学论教"的发展性体育教学评价模式，即课堂教学评价的重点转向学生的"学"，看学生之间在学练过程中能否友好地分工与合作，学生遇到困难时是否主动与他人合作、交流，共同解决问题。看学生与教师之间进行交流是否语言得体，课堂教学气氛是否民主、和谐、活跃。看学生在学练过程中是否积极地投入观察、分析、对比、探究，学生是否善于质疑，提出有价值的问题，并展开讨论。看学生的回答或见解是否具有自己的思考和创意。可以通过捕捉学生细微的表情变化，分析、评判学生有无浓厚的学练兴趣，对学练内容有无好奇心和求知欲，是否能长时间保持学练兴趣，能否自我控制与调节学练情绪，学练过程是否愉悦，学练的愿望是否不断得以增强。

在充分关注教师"教"与学生"学"的基础上，评价课堂教学是否达到教学目标、取得很好的教学效果，必须从以下几个方面进行判断。首先，在知识与技能目标中，各类学生在掌握知识、发展体育技能方面达到教学要求，形成有关的学习和应用能力，学生能在教师指导下使自己达到适宜负荷。其次，在过程与方法目标中，学生认真积极地参与学习活动，能够与他人合作、交流进行体育活动，增强自尊、自信，能调节情绪，克服困难，能运用已有的知识和技能，采用多种方法进行学习，提高运动水平和效率，持之以恒地完成体育锻炼。最后，在情感、态度与价值观目标中，学生能体验到体育活动的乐趣与成功，有参与体育活动的兴趣、愿望，能正确认识体育活动与健康的关系。

二、课堂教学评价的内容

（一）对教师的评价

1. 教学准备

教学是一个完整的系统，不是孤立的过程。教学准备工作的质量是影响整个教学质量的重要组成部分。体育教学准备工作一般包括以下几点。

（1）教案的质量要求。对教材的理解是否正确，能否突出重点、难点；对学生的了解是否深入；教学任务的制定是否明确、具体、切合实际；组织教学的安排是否科学合理。

（2）场地器材、教具是否准备齐全，布局是否合理，安全卫生是否有所考虑。

（3）对教学中的突发事件是否有所预见并制订处置预案，病残学生的活动或见习是否有所安排。

（4）有无体现课堂思政。

2. 教学过程

（1）组织教学。体育课教学和其他课程不同，一是在学生活动中教学；二是在室外进行；三是学生必须反复练习；四是要充分利用场地器材；五是必须保证学生安全。这些特点决定了体育课组织工作的重要性。对组织教学的要求主要有：根据教材所确定的课的类型、结构是否合理，分组是否得当，教材安排的顺序是否符合教学原则；队形调动是否合理、有利于教学需要；学生组长和体育积极分子是否充分发挥了作用；安全措施是否落实；临时发生的问题，能否及时处理，是否取得了应有的教育、教学效果；检查和考核成绩的工作处理是否得当。

（2）教学方法。讲解是否简明、扼要、生动，能否让学生听明白，是否采用启发式；口令是否准确，声音是否洪亮；教学步骤是否完备、清晰，由浅入深，衔接自然；教学手段和辅助教材运用是否得当；能否及时利用反馈信息，做到区别对待；是否注意到引导和启发学生兴趣，培养和发展学生能力。

（3）思想教育和激励应变机制。教师是否有意识、有针对性、有计划地进行德育渗透教育；是否坚持了以正面教育为主，及时表扬和鼓励学生；教师是否做到既严格要求又和蔼可亲；能否及时处理临时发生的教育问题；是否体现课程思政。

3. 课后反思

（1）写成功之处：教学过程中达到预先设计的教学目的，引起教学共振效应的做法，课堂教学中临时应变得当的措施，层次清楚、条理分明的板书，某些教学思想方法的渗透与应用的过程，教育学、心理学中一些基本原理使用后的感触，方法上的改革与创新，等等。

（2）写不足之处：即使是成功的课堂教学，也难免有疏漏或失误之处，对它们进行系统的回顾梳理，并做深刻的反思探究和剖析，为今后的教学吸取教训。

（3）写教学灵感：课堂教学中，随着教学内容的展开，师生的思维发展及情感交流融洽，往往会因为一些偶发事件而产生瞬间的灵感。

（4）写学生创新：在课堂教学过程中，学生是学习的主体，学生总会有创新的火花在闪烁。教师应当充分肯定学生在课堂上提出的一些独特的见解，这样不仅可使学生的好方法、好思路得以推广，而且对学生也是一种赞扬和激励。

（5）写"再教设计"：一节课下来，静心沉思，摸索出一些教学规律；教法上有哪些创新；知识点上有什么发现；组织教学方面有何新招；解题的诸多误区有无突破；启迪是否得当；训练是否到位等。

（二）对学生的评价

1. 学生的学习态度

学生对学习是否有兴趣，能否认真观察、集中注意力、积极思考；学生练习是否生动活泼、刻苦认真。

2. 学习任务完成情况

（1）练习次数、跑的距离和时间、跳的高度和远度是否达到规定要求；在阶段的检查和测量时，生长发育情况是否正常；体态是否端正；身体素质、运动能力和技能的指标是否有所提高。

（2）生理负荷是否适宜。

3. 身心状态和团队意识

（1）学生的情绪、注意力、意志力等心理是否处于积极状态。

（2）学生兴趣、自觉程度如何，有无团结合作精神，自觉遵守纪律的习惯怎样，师生关系是否融洽。

三、课堂教学评价的方法

《义务教育课程标准》（2011年版）以"健康第一"为课程的指导思想，把课程目标分为身体健康、心理健康与社会适应、运动参与、运动技能四个方面。因此，仅仅用定量的评价是不能真实反映课堂教学所达成的目标的，而采用定量与定性相结合的综合评价方法，更显科学化和人性化。

（一）定量评价

1. 定量评价的内涵

定量评价是采用数学的方法，收集和处理数据资料，对评价对象作出定量结果的价值判断，如运用教育测量与统计的方法、模糊数学的方法等，对评价对象的特性用数值进行描述和判断。

2. 定量评价的特点

定量评价强调数量计算，以教育测量为基础。它具有客观性、标准化、精确化、量化、简便化等鲜明的特征。它在一定程度上满足了以选拔、甄别为主要目的的教育需求。但定量评价往往只关注具备可测性的品质与行为，处处、事事都要求量化，强调共性、稳定性和统一性，过分依赖纸笔测验形式，有些内容勉强量化后，只会流于形式，并不能对评价结果作出恰如其分的反映。因而，它忽略了那些难以量化的重要品质与行为，忽视了个性发展与多元标准，把丰富的个性心理发展和行为表现简化为抽象的分数表征与数量统计。

定量评价表格格式要求如表8-13所示。

表8-13 小学体育与健康课堂教学评价量表（定量分析参考）

日期_____ 评价人_____

姓名		节次			授课班级		
课题							
评价内容	评价指标			优	良	中	差
学习过程	1.学习目标：符合体育与健康课程标准和教材的要求及学生实际，可操作性强，预设与效果一致 2.学习内容：有利于目标的达成、学生兴趣的激发和学生健康的养成，重点、难点突出，符合学生认知特点和身心发展规律 3.学习方法：方式多样，学生自主、合作、探究的学习过程，课中有赛，符合教材特点和学生的学习特点 4.组织形式：练习队形有效，队伍调动合理，赛事组织简单、高效，各教学环节之间衔接流畅			18～20分	16～17分	12～15分	6～11分
				简评：			

续表

学生活动	1.运动参与的表现：学习热情高、参与面广，由浅入深感受学习内容 2.掌握运动技术的程度：运动知识、技术的掌握符合目标要求 3.课堂竞赛：遵守比赛规则，有积极主动的合作、竞争意识 4.运动负荷：适宜的运动量和练习密度 5.情感体验：良好的心理感受、兴致盎然的情感体验 6.学习能力：自主、合作、探究的形式和能力在课堂中的体现 7.运用能力	27～30分	24～26分	18～23分	9～17分
		简评：			
教学活动	1.指导能力：示范准确、讲解清晰、纠错及时到位，评价恰如其分，善于运用启发式教学 2.组织能力：课堂秩序井然，能保证学生有充分的练习时间 3.创新教学的能力：适时合理安排适合于学生水平的赛事，善于激发学生的学习积极性，有创新意识和能力 4.课程资源的开发：因地制宜开发符合学生学习需求的课程 5.课堂竞赛项目的开发和实施：根据课程开发课堂竞赛项目并能在课堂中有效实施 6.正确引导学生主动参与课外体育锻炼 7.基本素养：衣着得体，语言生动、准确，教态亲切、有感染力，技能突出	36～40分	32～35分	24～31分	12～23分
		简评：			
学习环境	1.人文环境：师生、生生关系融洽，有民主、和谐、互动、开放的学习氛围，课堂气氛活跃 2.自然环境：场地器材布置合理、安全措施落实有效	9～10分	8分	6～7分	3～5分
		简评：			
综合评价				合计	
				等级	

注：累计得分90分以上为优，80～89分为良，70～79分为中，69分以下为差。

（二）定性评价

1.定性评价的内涵

定性评价主要是通过评课活动进行讨论、分析和评述，也可以通过评价指标进行等级制评定。定性评价通常不采用数学的方法，而是根据评价者对评价对象平时的表现、现实状态或文献资料的观察和分析，直接对评价对象作出定性的价值判断，如评出等级、写出评语等。应用于教育评价这一领域的现象而言，定性评价更加关注学生在"质"方面的发展，关注教育结果与教育目标之间的一致性；强调对学生的优缺点进行系统的调查，并对个体独特性作出"质"的分析与解释，是具有实质性内容的一种评价机制。因此，定性评价可以关注更广泛的教育目标及学习结果，强调关注现场和专业判断，对学生的种种表现试图作出具有教育学、心理学意义的解释与推论。如果说定量评价关注"量"而走向抽象，并且侧重定量描述，那么定性评价则关注"质"而走向具体，并且侧重定性描述。因而，定性评价更具有现代人本思想和发展性评价的理念。但是，定性评价有时使评价结果变得模糊笼统、弹性较大，难以精确把握。

2.定性评价表格格式要求（见表8-14至表8-16）

表8-14　小学体育与健康课堂教学评价量表（定性分析参考）

日期_____评价人_____

班级		性别	
姓名		我的性格	
我的爱好			
既往病史			
近期身体健康状况			
今天身体健康状况			
我在上个月获得的体育比赛（或体育竞赛）奖项			
我在上周参加的公益活动或社区体育活动			
我在上周的表现			

注：学生自我评价从自身健康出发，对是否认真完成本节课的学习任务进行回答，上个月的获奖情况只在每个月的第一周体现，上周自己所参加的活动只填名称即可。

表8-15　教师对学生课堂学习的评价

课外评价项目	教师评价（分五颗星、三颗星、一颗星）
学习态度和行为	
交流与团结协作能力	
情感表现	
体育能力	
学生制作体育与卫生方面的知识	
对学生总的评价（月末评价）	

注：体育教师对学生课堂学习的评价从学习态度和行为、交流与团结协作能力、情感表现、体育能力四个方面入手，同时依据学生完成课外评价项目的情况，由教师平时观察，对表现好的同学进行记录评价，分五颗星、三颗星、一颗星。

五颗星：上课学习态度端正，目的明确，练习主动积极，能吃苦耐劳、顽强进取，服从指挥，遵守课堂纪律，尊敬师长、善于与他人合作，学习效果十分显著。

三颗星：上课学习态度端正，目的明确，练习较为主动积极，较能吃苦耐劳、有进取心，服从指挥，遵守课堂纪律，尊敬师长、能与他人合作，学习效果显著。

一颗星：上课学习态度一般，能按照要求完成练习，但不够主动积极，不太能吃苦耐劳，遵守课堂纪律，尊敬师长、与他人合作能力一般，学习效果一般。

表8-16　班委会对学生的评价

学生课外评价项目	班委会评价（分五颗星、三颗星、一颗星）
同学间友好相处	
同学间交流合作	
健身活动	
学生大课间评价项目	班委会评价（分五颗星、三颗星、一颗星）
参与团队活动	
眼保健操	
课间操	
队列队形训练	

注：班委会对学生课外及大课间的表现进行评价：教师制定评价内容，由班委会共同观察，轮流记录课余时间中同学之间的友好相处、交流合作、健身活动等，将表现情况在评价栏中记录下来。大课间对学生的评价，由班委会成员在大课间活动中，对每一个学生进行观察，依据他们参加学校组织的团队活动、眼保健操、课间操、队列队形训练等活动的情况，将同学们的表现记录在评价栏中。

五颗星：学习态度端正，目的明确，练习主动积极，能吃苦耐劳，顽强进取，服从指挥，遵守纪律，善于与他人合作，学习效果十分显著。

三颗星：学习态度端正，目的明确，练习较为主动积极，较能吃苦耐劳，有进取心，服从指挥，遵守纪律，能与他人合作，学习效果显著。

一颗星：学习态度一般，能按照要求完成练习，但不够主动积极，不太能吃苦耐劳，遵守纪律，与他人合作能力一般，学习效果一般。

【范例1】

小学体育"小篮球"教学

一、教材分析

篮球是小学五年级基本教材中小球类的选用内容之一，水平三阶段的学生在运动能力、体能等方面较水平二阶段有明显进步。移动是篮球运动中重要的基本技术，因此，教师在"小篮球"教学中，不仅要在动作技能上进行较为全面的教学，更要注重学生移动、反应方面的练习。

二、学情分析

学生已经具有比较好的篮球基础，特别是在运球、控球能力方面，不少学生能做得很好，但是缺乏运球移动的一些最基本的常识，所以要不断加强学习，提高移动、反应方面的能力。

三、学习目标

1.基本掌握在跑动中向前运球的技术。

2.发展身体的灵敏性、协调性等身体素质。

3.在活动中能与同伴互相协助，互相配合，敢于正确面对比赛的输赢。

四、教学过程

对比学情，把学生分成7组，挑选有篮球基础水平的同学为小组长。以小组为一路一队，呈马蹄形分布在教师周围。

1.蛇形跑：学生跟随教师热身。

2.引导学生做球操：左右伸展拨球练习，双手持球双足跳。

3.小组先讨论快速运球前行的方法，再练习，再讨论好的方法，再接着练习。

4.教师适当讲解，巡视指导学生动作。

5.趣味游戏比赛：蛇形运球跑接力赛。

6.小组间互相评价，教师对合作小组进行整体评价。

五、小学体育"小篮球"教学案例分析

1.学习目标完成分析：本节课的教学设计，体现了新课标所提倡的要转变学生学习方式的要求，让学生在思考中学习，在游戏中学习，在合作中学习，调动身体更多的器官，从而获得学习乐趣和全面和谐发展。学生在小组中自由练习、互相帮助，因而课堂上气氛特别活跃、轻松，学生思考特别积极，每个学生都能较好地掌握运球前行的技能，达到了教学效果。

2.教法、学法分析：教师采用小组合作的形式让学生参与学习、讨论与锻炼，通过运球技能的相互学习、与他人合作，齐心协力，共同分担、共同提高，为培养小学生的合作意识搭建了良好的平台。采用小篮球与游戏相结合的教学方式，让学生更多地参与到课堂教学中，在激活思维的过程中体验合作、创新、成功的心情，从而较快地掌握技

术动作和提高身体素质。

3.体能、情感分析：教学中教师采用了小组自评、师生互评相结合的方式，对学生的学习以正面激励为主，给予其充分肯定，让他们充分体验合作的乐趣，享受成功带来的喜悦，从而增强学生学习的自信心。

【范例2】

立定跳远教学

一、教材分析

立定跳远是小学低年级的教学内容，让学生初步接触双脚起跳的知识，为今后的助跑式跳远和三级跳远打下良好的基础。

教材特点：突出团结合作、自主训练及坚持不懈的精神。

二、学情分析

乡镇学校的学生，对立定跳远的接触还是比较少的，因此他们对立定跳远缺乏一些最基本的常识，故应多加训练。

三、教学目标

1.运动参与目标：通过创设教学情境，吸引学生积极参与到活动中，并大胆展示自己。

2.运动技能目标：初步掌握立定跳远的动作技能。

3.身体健康目标：发展下肢肌肉力量，提高动作协调性。

4.心理健康与社会适应目标：在活动中充分表现自我，感受运动带来的乐趣，体会成功的喜悦，增强自信；树立良好的团结协作精神和优良品质。

四、教学重点和难点

教学重点：双脚起跳，用力向前上方跃起，上下肢协调配合。

教学难点：双脚轻巧落地。

五、教学过程

（一）导入新课

1.教师：同学们，你们见过青蛙跳吗？它们是怎样跳的呀？你们原地学学好吗？

2.学生原地学习青蛙跳。

3.教师：老师这里有一群小青蛙肚子饿了，青蛙妈妈决定带孩子们到池塘里去抓虫子吃。

4.教师把学生带到摆满荷叶的操场。

5.教师：在抓虫子时不能掉到水里，掉到水里的青蛙要回到岸边后才能继续跳到荷叶上去找虫子，找到食物的青蛙要把虫子放到岸边的盒子里后再继续去找虫子。等大家抓完虫子后才能一起分享劳动成果。

6.学生听着音乐，学着青蛙跳跃的样子在荷叶上找虫子。在找虫子时，教师用漂亮星星奖励那些跳得好的学生，用太阳鼓励那些需要努力的学生。

7.教师：今天我们要学习的立定跳远跟我们刚才做的青蛙跳的姿势很相似，我们就一起来学习立定跳远好吗？

（二）学习新知

1.教师：刚才同学们学青蛙跳都学得不错，接下来我们就一起来学习这节课要学习的内容——立定跳远，好吗？立定跳远和青蛙跳的动作方法是差不多的，同学们先看老师做示范，再来学习好吗？

2.学生观看教师示范，教师边示范边讲解动作方法。（动作方法：两脚自然平行分开，上体稍前倾，屈膝，两臂后举。然后两臂向前上方用力摆起，同时两脚蹬地，迅速向前上方跳起。落地时，小腿前伸，两脚跟着地，屈膝缓冲，保持身体平衡）

3.教师：刚才老师把立定跳远的动作完整地做了一遍，现在请你们想想，怎样才能把这个动作做好？立定跳远和青蛙跳有什么区别？

4.学生边讨论边举手回答。

5.现在就请同学们自己来学一学，看谁学得快。

6.学生自由练习（教师巡视指导，及时用手势评价，鼓励学生）。

7.分组练习（小组长评出动作做得最好的同学）。

8.各组优秀者上前表演（学生评价好与不好的地方）。

9.分组跳过河，看谁跳得最好、动作做得最漂亮（教师巡视指导，及时评价鼓励）。

（三）整理放松

1.教师：可爱的孩子们，经过剧烈的体育运动后一定很累吧，那就请你们听着音乐跟我一起做放松操吧！（教师和学生一起做放松操）

2.教师小结、整理器材、下课。

六、立定跳远教学案例分析

1.学习目标完成分析：教师善于营造学习情境，这样可以使教师产生亲和力并使学生产生新鲜感，使学生情不自禁地注入自己的热情，主动参与学习活动，在轻松愉快的环境中达到事半功倍的教学效果。此活动还让学生达到了热身的效果，充分调动了学生的学习兴趣，达到了学习目标，同时也为下一步学习奠定了良好的基础。

2.教法、学法分析：教师进行完整示范，使学生获得了完整的动作表象，然后分组学习、讨论、练习，使学生的学习成为一种自觉自愿的行动，真正变"要我学"为"我要学"，同时又使学生获得自学、自练、互学、互练的学习方法。整个课堂给予学生充分的自主学习时间和空间，学生间相互指导、讨论指正，真正运用了"小团体"与个人相结合的学习方法，促进互助互学，在练习中突破难点，掌握动作，让每个学生都体验到成功的乐趣。通过及时评价使学生最大限度地发挥水平。

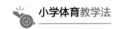

　　3.体能、情感分析：学生下肢肌肉力量得到了锻炼，大部分学生的动作协调性得到发展，个别学生存在差距；学生在活动中充分展示了自我，体会到成功的喜悦，增强了自信心，培养了良好的团结协作精神和优良品质。

课后作业

　　1.论述体育教学评价应遵循的基本原则。

　　2.运用相关知识，设计一个学生期末体育学业成绩评价方案。

第九章　体育教学研究

第一节　体育论文

运用科学规范的方法对体育教学中的某些现象进行创造性的研究和理性认识，自觉地把握该现象的本质及一般发展规律，用论文的形式进行表述，就是体育论文。体育论文是表述这一认识成果的文字形式。真正的体育论文，不是从提笔开始，而是在写作之前就有一个前期的研究过程作为基础，题目也是早已选定的。论文质量取决于"想、做、写"的总过程，即使是写作水平有限的教师，也会在撰写体育论文的过程中得到提高。

一、体育论文的种类

前期的不同研究方法，决定了相应的体育论文体裁形式，常见的有以下几种形式。

（一）报告类体育论文

1. 实验报告类体育论文

实验报告类体育论文运用实验方法，要在报告中说明假设，实验因素，实验对象，受控干扰因素，测试、统计、验证假设。

2. 观察报告类体育论文

观察报告类体育论文运用观察方法，要在报告中说明观察目的、对象、项目，结果的统计整理。

3. 调查报告类体育论文

调查报告类体育论文运用调查方法，要在调查报告中说明调查目的、对象，抽样方法，问卷的发放与收回，统计整理。

以上三种研究方法中，较多地运用了自然科学的操作程序，相应的，体育论文形式也接近自然科学论文。顾名思义，报告的文字要求切实简明，不需要铺展详述，切忌渲染描写。

在肯定上述三种方法以及论文形式程度较高的同时，国际学术界历来认为教育、体育类的研究内容，如果简单滥用自然科学的方法，就容易失去体育教育的特殊性，在构

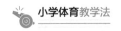

思设计和立论行文的时候，特别要注意体育教育的特点。

（二）体育教育史志性论文

体育教育史志性论文对于体育教育史中的人物、事件、思想、制度、方法等内容，经过收集史料、分析整理，提出自己的新认识。

（三）体育教学论证性论文

体育教学论证性论文对于体育教学实践或理论中的某一问题，运用新的价值观或新的方法重新审视，进行逻辑性的整理与构建，作出必要的论证，从而建立新的结论。

（四）体育教学经验性论文

体育教学经验性论文对于体育教学实践中的成功经验，经过筛选、分类提炼出能反应本质属性和一般规律的内容。经验性的体育论文是许多中小学体育教师关心的问题，具体分析如下。

1. 从认识论的层面考虑

理论认识来源于实践，理论之所以称得上理论，是因为它蕴含着来自无数个别事物中的一般经验。经过实践检验的成功经验，正是理论赖以产生的资源。

2. 从方法论的层面考虑

所谓经验，是指个体抛弃了个别细节，完成了许多抽象过程。体育教学的操作经过理性认识的升华，有了科学的依据。如果只停留在记叙一种简单过程，那就不足以称为论文了。

3. 从操作层面考虑

要把经验总结的性质和功能区分清楚，首先要避免述职性，就是写作的宗旨是叙述做了多少工作，取得了多大成绩，以期得到社会的肯定和评价。作为论文的经验总结应是表述新的认识，才能进入交流领域。其次要有一定的规律，才可能有严格的区别。

4. 从保护撰写者的积极性层面考虑

广大体育教师撰写的体育论文大多是经验性的总结。为保护撰写者的积极性，应肯定和鼓励这种形式。

二、体育论文的特点

（一）信实性

体育论文的科学性取决于论文的可信度与实在性，主要有以下两点。

1. 事实依据

来自调查、观察和测量的各种数据，以及建立在这些数据基础上的统计结果才具有说服力。这些数理统计除了可依据体育统计学的原理，还可用电脑统计等科学方法，但绝对不可用简单推理的方法来说明事实依据。

2. 理论依据

前人研究的理论结果受到实践和历史的检验，许多学说、观点、方法已被广为认同，并列入工具书、教科书及典籍之中，援引这些内容也可以作为体育论文中相应的理论依据，但需完整、准确和贴切。

（二）逻辑性

体育论文的体例要规范，论述要合乎逻辑要求；论文的结构要严谨，标题之间避免交叉混乱；论文的顺序要清晰，前后思路要统一。

（三）新颖性

体育论文只有表述新的认识，撰写的文章才有交流的价值。重复、再现性的内容，简单的堆砌是难以形成论文的。为了避免出现问题，就必须知道前人研究的课题中已经说了些什么，为此，收集前人的资料是很有必要的。

三、体育论文的撰写格式及表述要点

（一）体育论文的题目

题目是全文的名称，具有概括性，要涵盖全文的内容。题目要反映体育论文的特点，反映出所要表述的特殊性内容。这样一篇论文才会与同类其他论文有所区别。例如，"加强教师培训，提高教学水平"这样的体育论文题目，很难反映出该文的特殊性，即使文中有些独到的见解，也没能从题目中反映出来。

体育论文的题目要确切，避免过于宽泛。题目中的名词概念不要用得太大。例如，"改进体育教学方法，提高教学质量""通过体育教学，发展学生智力"，这里的"提高质量"和"发展智力"都比较宽泛，一篇三五千字的文章，很难说明这么大的概念，如果改小一些，用"改进了什么方法""提高哪方面的质量""发展了哪一种智力"这样的思路思考和命题，题目就可能比较准确、切实。《改进途中跑技术，提高短跑速度》这样的体育论文，题目就比前面的题目概念小，表达得就比较确切，而且只有这样，论文才容易写，才可能写出一些实实在在的内容。题目大而不当，内容就容易流于空泛，反之，题目太小也很难体现研究价值，如"剃光头与提高游泳速度"。

题目的逻辑关系应当准确，防止同义重复和概念不清之类的问题。例如"加强体育教学中的美育"这样的体育论文题目，严格地说是有逻辑缺陷的，因为体育教学本身就是美育的一种内容和途径，题目有时因字数限制而不明确时，可以加一个副标题，对文章的内涵作进一步的提示。

（二）体育论文的署名

这是体育论文归属性的标记，也是表示作者对论文既承担责任，也享受权益，因而应该署出作者单位的全称和姓名。署名应符合研究与撰写的实际情况，如果是合作完成的论文，不要遗漏主要合作者。向期刊投稿或参与学术征文和讨论时应标明通信地址、

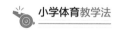

电话、电子邮箱等。

（三）体育论文的引论（也称辅论或副论）

引论部分的作用是引导读者对于体育论文的轮廓有一个大致的了解，引起读者对于下文主要内容的重视和兴趣，并为阅读全文作好思想准备。引论部分包括题目的解释、选题的缘起、同类体育论文已有的成果以及此研究成果的实践意义，这一部分具有自我评价的性质，因而要力求客观、公正、适当，既不溢美吹嘘，也不客套做作。引论的篇幅不要太长，一般不超过全文的1/8。

（四）体育论文的本论（也称主论或正论）

这部分是体育论文的实质性内容所在。将具有创建性的命题作为论点提出，相继的大量篇幅则是充分论证观点的正确与合理。一篇优秀的体育论文，必定提出了明确的论点，而且或多或少地具有创建性，不少体育论文在这方面明显不足，主要表现为论点含糊不清、缺少新意。有些经验性的体育教学论文，所提论点还没有形成明确的命题陈述形式，仅仅是散乱地隐含在事实的叙述之中，比如有的论文强调"三基"，有的强调增强体质，但都没有提出新的论点，所以难以升华。另外，论证思路要清晰有序、依据充分，要用典型事例来证明其论点。

（五）体育论文的结论与建议

为了给读者留下深刻的印象，要特别重视结论。结论可以独立成为体育论文的一个部分，语言要简明，篇幅一般短于引论。例如，对于本论文中提出的长处或不足之处，是大面积推广还是继续实验，还应提出准确的、评价性的建议。

（六）体育论文的参考文献

体育论文撰写过程中所引用的参考文献一般采用顺序编码制在文后著录，即按论文所引用文献的先后顺序连续编码，并将序号置于方括号中。

1.专著的著录项目及格式

专著的著录项目及格式为：主要作者.书名.版本.出版地：出版者，出版年.页码。

例如：[1]孙绍荣.教育信息理论[M].上海：上海教育出版社，2000.21.

2.连续出版物的著录项目格式

连续出版物的著录项目格式为：作者.题名.原文献题名，版本：在原文献中的位置。

例如：[1]耿培新、曹卫民.对开发体育校本教材的几点认识[J].中国学校体育，2005（4）：4.

参考文献主要是索引性的，它明确标示引自他人的学术思想、理论、成果和数据，既体现对他人劳动的尊重，又表明了学术的继承性和严肃性，以便读者进一步检索有关资料，核实数据或共享资源。

四、体育论文的撰写

（一）选题

体育论文的选题反映了研究者的信仰、知识、习惯、兴趣以及价值观念，因而应该通过自己选题，自觉地发挥主观能动性。

（二）结合写作进行专题学习

通过学习，既可以继承前人已有的研究成果，作为自己立论的起点，又能通过收集有关必要的资料，作为引用的论据。为此，积极地储备资料是非常有必要的。

（三）注意定义的准确性

体育论文中涉及的主要概念性定义，应作出此定义的界定表述，以便交流讨论，避免引起误解。

（四）文章从写提纲、修改提纲开始

有了好的提纲，才可能写出好的论文，提纲可以写成二级或三级标题的形式，成文时可避免大的改动。

（五）数据要准确

体育论文中尽量提供量化的内容和数据，必须以准确为前提，测量与调查的原始数据尤其要准确，测试条件要规范统一。运用数量统计分析所得出的结论性效果，一定要进行体育统计学的检验。

（六）文字要力求平实

论文的科学性要求论文撰写尽可能运用规范的书面语言，文风力求简练朴实，不用描写、形容与渲染，也要忌避粗俗语言，论文的语言美就在于简练严谨。

（七）注意体育教学的特殊性

体育教学不同于科学技术行为，它是以研究教师的教育和学生的学习、锻炼行为效果和规律为主的。因此，体育教学论文的撰写是科学研究的行为之一，只有对体育教学研究得深入，才能得到理想的效果。

（八）写关键词

可将文中最能表达论点的关键用语表述在摘要前，引起读者的关注。

第二节　课题研究

随着教育的不断发展，教育科研越来越受到人们的重视。能否开展教育科研课题的研究，是衡量教师业务水平高低的重要标志之一，也是21世纪体育教师的必备素质。教

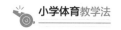

育要发展，必须重科研。

一、什么是体育科研课题

体育科研课题是用科学的方法对体育学科中的问题进行研究，最后得出正确的结论。科研课题的研究应有以下几个实施过程：科研课题立项、成立科研课题组、制定课题研究方案、课题论证评价、结题验收。

二、怎样选好科研课题

科学研究始于问题，教育研究也是如此。在体育教学中需要研究的问题很多，但并非每个问题都值得我们研究。因此，如何选好科研课题就显得尤为重要，我们应从以下几方面遴选。

（一）课题必须具有实用性

课题的意义是确立选题的重要依据，它制约着选题的方向。因此，选题要从当前体育教育发展的实际出发，要具有代表性和针对性。我们在衡量选定课题有无使用价值时，主要看两个方面。一是所选择的课题是否符合体育教育事业发展的需要，是否有利于提高教育质量，有利于促进青少年身心健康。二是所选择的课题是否根据体育教育本身发展的需要，为检验、修正、创新和发展体育教育理论，建立科学的体育教育理论体系进行的专门研究。作为教学一线的教育工作者，我们应主要关注前一方面的问题。

（二）课题必须具有科学性

课题的科学性首先表现在选题要有一定的事实依据，立论根据充实、合理。这是选题的实践基础。其次，还要以体育教育的基本科学原理为依据，这是选题的理论基础。选题的实践基础和理论基础制约着选题的全过程，影响着选题的方向和水平。为了保证选题具有科学性，必须对选定的课题进行充分论证。

（三）课题必须具体明确，具有可操作性

所选定的课题一定要具体化，界限清、范围明，宜小不宜大。那种大而空、笼统模糊、针对性不强的课题往往科学性差，而且不易操作。

（四）课题要有独创性

要做到选题新颖、具有独创性，就要把课题的选择放在总结和发展过去体育学科取得的实践成果和体育科学理论基础上。我们应该看到，科学上的任何成果，都是科学工作者在前人工作成就的基础上一步步取得的。因此，在选题时，要广泛深入地查阅文献资料，弄清所要研究的课题，了解目前在国内外已达到的水平和已取得的成果，要知道是否有人已经研究过或者正在研究类似的问题。这样才会使选题具有独创性，我们才不至于做无用功。

三、成立科研课题组

每一项科研成果都是集体智慧的结晶，靠一两个人是很难取得成功的。因此，一般课题组最好由4人以上组成，要选出一名业务水平高、组织协调能力强的教师来担任课题组组长。在选拔课题组成员时，应尽量考虑到教师的职称结构、年龄结构和专业结构的合理性，必要时还可以跨学科或聘请一些在这一研究领域具有权威性的德高望重的专家学者来担任课题组的组长或顾问，从而提高课题研究成果的权威性。由于各校体育教师相对较少，也可以采取几所学校联合，或把一个地区的优秀人才集中起来组成课题组的方法。这样既可以保证课题组成员结构的合理性，又解决了学校体育教师少、不利于开展课题研究的难题。

四、如何设计科研课题方案

一项科研课题，经过选题和必要的论证之后，就可以着手设计课题方案了。课题方案是对研究问题的提出、课题解义、课题研究假设、课题的实施步骤等诸多方面问题进行整体的设计，这样可使操作做到心中有数，按计划进行课题研究。

（一）问题的提出

教育科研始于问题，某个科研课题总是为解决某个问题或某类教育教学的问题而设立的。要把问题的来源交代清楚，把实施课题的意义阐述透彻，把课题的创新程度表述明白。此外，还要说明国内外对这一问题的研究现状，明确该课题研究领域所面对的问题状态。

（二）课题释义

课题释义是要求阐明课题的含义，是对"是什么"的回答。对于这个问题，既要从理论上溯源，又要做到内涵与外延的界定。所谓内涵，是指这个课题的内容是什么，有哪些要素；所谓外延，是指这个课题的范围有多大。这里需要说明的是，作为一个科研课题，总要有所创新，总要有一些新的内涵，所以尽管有很多课题是用一些普通的词汇来表达的，但其绝不是不证自明的普通概念，都需要课题研究者给以释义。

（三）课题研究假设和课题目标

假设是以一定的理论和事实为依据，对所研究的课题提出某种带有推测和假定意义上的理论解释和结论，是对某种尚待建立的变量关系的推测。有些课题方案，用课题目标的方式来表达研究假设的结论内容，这也是一种可行的、常见的表达方式。

（四）科研研究的实施步骤

一个科研课题的完成，是从理论构想到科研实践逐步完善的过程。课题研究的实施步骤是一个从准备到操作、从简单到复杂、从局部到全局的实施过程。

课题研究方案设计完成后，并不表明就可完全照本实施了。随着课题研究的展开，还会不断地出现一些新问题，要根据实际情况，对实施方案进行补充和调整，使其不断

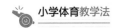

完善。

五、课题论证评价体系

一个课题研究进行得如何，有没有得到课题假设和结论，有没有达到课题目标，要通过论证评价来检验。课题论证评价体系是根据课题目标和操作定义，由课题研究者制定的具体检验指标。这些指标是对应课题目标和操作定义的，完成了这些指标，就可以认为已达到了课题目标。一个好的论证评价体系，要有很好的信度和效度，指标本身要有较好的客观性，指标和课题目标要有较好的一致性，这样才能够获得正确的结论。

六、结题验收

课题按计划研究全部完成后，就进入了结题验收阶段。课题组应邀请上一级业务主管部门，聘请专家对其研究成果作出结论性终评。成果形式一般包括论文、研究报告、实验报告以及实际成果展示等。评委要对该课题作出全面、公正、客观的评价，在肯定成绩的同时还应指出存在的问题并提出改进意见，以便今后在经验推广时收到更好的效果。

课后练习

1. 体育论文的种类及特点有哪些？
2. 怎样选好科研课题？
3. 在教师的指导下，自己拟题，尝试写一篇体育类论文或完成一个课题。

参考文献

[1]李秉德.教学论.北京：人民教育出版社，2001.

[2]李彩芹，张树军.小学体育课程与教学.长沙：湖南大学出版社，2020.

[3]刘传进.小学体育与健康教材教法.北京：高等教育出版社，2010.

[4]毛振明.体育教学论.3版.北京：高等教育出版社，2017.

[5]中华人民共和国教育部.体育与健康课程标准.北京：北京师范大学出版社，2022.

[6]钟启泉.现代教学论发展.北京：教育科学出版社，1988.

[7]钟启泉.现代课程论.上海：上海教育出版社，2003.